AF537402

LUCA HERSBERGER

HEILSAME BEZIEHUNGEN

Wenn christlicher Glaube und Schematherapie sich ergänzen

4., leicht überarbeitete Ausgabe

Luca Hersberger

Heilsame Beziehungen

Wenn christlicher Glaube und Schematherapie sich ergänzen

Gedruckte Fassung
978-3-906959-68-9

Digitale Fassung
978-3-906959-70-2

Siehe auch www.heilsamebeziehungen.com

Coverfoto: Eva Sofia Hersberger
Das Foto zeigt Luca Hersberger mit seiner Tochter.
Umschlag- & Satzgestaltung: ETRNL | etrnl.de
Druck: Printbest, Litauen

Wir danken für die freundliche Genehmigung der Abdruckrechte von:
Crabb, Lawrence J. Connecting: das Heilungspotential der Gemeinschaft; ein radikal neuer Ansatz, die Kraftquelle Gottes zu entdecken. Basel: Fontis – Brunnen Verlag, 2001.
Roediger, Eckhard. Praxis der Schematherapie: Lehrbuch zu Grundlagen, Modell und Anwendung. 2. Aufl. Stuttgart: Schattauer 2011.

Dieses Buch und weitere interessante Medien (Auslieferung auch in DE/AT) können Sie beziehen bei:

mosaicstones, Tel. +41 33 336 00 36
info@mosaicstones.ch, www.mosaicstones.ch

»Luca Hersberger versteht es, theologische, biblische und psychologische Erkenntnisse auf eine elegante Weise zu verknüpfen, die nicht nur den Intellekt herausfordert, sondern auch ganz praktische Impulse gibt. Dieses Buch gehört meiner Meinung nach in die Hand jedes Christen, der im therapeutischen Bereich tätig ist. Es ist aber ebenso geeignet für alle, die sich dafür interessieren, wie biblische Wahrheiten und psychologische Prinzipien so zusammenwirken können, dass verletzte Herzen heil, Beziehungen wiederhergestellt, die Liebe zu Gott entfacht und Menschen frei werden können!«

Dr. Gregory A. Boyd, Pastor und Buchautor

Inhaltsverzeichnis

VORWORT ZUR AKTUELLEN AUFLAGE

Neun Jahre nach der Erstausgabe von «Heilsame Beziehungen» schaue ich dankbar zurück und staune, was seither entstehen durfte! Psychische Gesundheit gewinnt in der öffentlichen Wahrnehmung und auch in den christlichen Gemeinden und Gemeinschaften immer mehr an Bedeutung und Beachtung. Ich freue mich, mit Vorträgen, Interviews, Artikeln, Podcasts und Seminaren meinen Beitrag zu besserem Verständnis von psychischen Erkrankungen, liebevoller Beziehungsgestaltung, nachhaltig gesundheitsförderlichem Verhalten und sinnstiftendem und stärkenorientiertem Engagement zu leisten.

Immer noch ist das Thema dieses Buches für ein besonderes Zielpublikum geschrieben – für Menschen, die sich sowohl für den christlichen Glauben als auch für psychologische Modelle und Dynamiken interessieren. Und da hat es schon schöne Kreise gezogen. Ich erhalte von einem grossen Spektrum von Menschen dankbare und ermutigende Rückmeldungen. Manchen hilft mein Buch persönlich oder im Umgang mit Betroffenen. Ich durfte mittlerweile einige Seelsorgerinnen und Seelsorger an Workshops für Schemaseelsorge weiterbilden und Vorträge und Seminare im Zusammenhang mit meinem Buch für Fachleute und Betroffene halten in der Schweiz, in Deutschland, in Österreich und sogar in zwei christlichen Fachkliniken in Holland! Überall stosse ich auf eine wohlwollende Offenheit, begegnen mir Menschen, die ähnliche Anliegen auf ihrem Herzen tragen und die Liebe Gottes in ihrem Beruf und ihrer Berufung weitergeben wollen und damit Menschenherzen erreichen wollen, die verletzt und gefangen sind.

Dass ich beruflich nochmals einen mutigen Schritt machen durfte und mir die Rolle des Chefarztes der Klinik SGM in Langenthal anvertraut wurde, hat zwar nicht direkt mit meinem Buch zu tun, aber ich habe auch dort die Möglichkeit, die Integration von Glaube und Therapie in der gesamten Klinik SGM mitzuprägen. Ich schätze es, andere Menschen mit ähnlichen Herzensanliegen kennenzulernen und bewege mich in verschiedenen Netzwerken, in denen die Verbindung von psychiatrisch-psychotherapeutischem Fachwissen mit dem christlichen Glauben gesucht und gelebt wird – zum Beispiel als Vorstandsmitglied in der

Akademie für Psychotherapie und Seelsorge (APS) oder als Fachbeirat des Bildungszentrums christliche Begleitung und Beratung (BCB).

Ich freue mich, dass ich in einer schönen Zusammenarbeit mit Andreas M. Walker und Jonas Baumann-Fuchs von mosaicstones Gebetskarten entwickeln durfte, die zusätzlich hilfreich sein können, um heilsame liebevolle Wahrheiten inspiriert von biblischen Botschaften über uns selbst zu verinnerlichen[1].

Ich hoffe, dass die Botschaft von Gottes Liebe – und wie sie auch verwundete Seelen berühren kann – durch diese Neuauflage noch mehr Menschen erreicht! Ich bete für offene Herzen und dass viele in eine noch liebevollere Beziehung hineinwachsen – zu sich selbst, zu anderen und zu Gott!

Bettingen, Herbst 2025

VORWORT ZUR ERSTEN AUSGABE (2016)

Sommer 2008. Nach meinem ersten halben Jahr klinischer Tätigkeit in einem Geriatriespital steckte ich als Arzt in der Krise. Damals war ich an einem Punkt, an dem ich den Arztberuf beinahe an den Nagel gehängt hätte. Nicht etwa, weil mir der Beruf zu uninteressant gewesen wäre oder ich mich völlig überfordert gefühlt hätte. Sondern weil ich das Wichtigste in meinem Leben in meiner Rolle als Arzt nicht aktiv leben konnte – meinen christlichen Glauben, meine Beziehung zu Gott.

In jener Zeit las ich ein Buch. Eines, das entscheidend dazu beigetragen hat, dass ich mich in der Folge für die Fachrichtung Psychiatrie entschieden habe. Ein Buch von meinem zukünftigen Chef, Dr. med. Samuel Pfeifer. Ein Buch, das dieser mir bei meinem Vorstellungsgespräch geschenkt hatte, welches sich viel mehr wie ein wohlwollendes väterliches Nachfragen oder Austauschen mit einem Mentor anfühlte, als eine kritische Befragung eines Bewerbers. Ein Gespräch und eine Begegnung, die meinem Leben eine neue

1 Heilsame Gebete – Zur Stärkung von Achtsamkeit, Selbstmitgefühl und innerer Versöhnung, L. Hersberger und A. M. Walker, mosaicstones (2025).

Richtung gaben. In dem besagten Buch »Die Schwachen tragen«[2] lernte ich einen Arzt und Psychiater, einen gläubigen Mann kennen, der auf eine weit- und warmherzige Art die beiden für mich so zentralen Lebensbereiche Medizin und Glaube als Meister seines Faches mit einer Weisheit verband, wie ich es innerlich schon lange suchte. Ein Mann, der seinen Glauben aktiv in seine Tätigkeit als Arzt einbringen konnte. Ich war zutiefst beeindruckt und erfreut, ein solches Vorbild gefunden zu haben. Seither versuche ich ebenfalls, meinen Glauben und meinen Beruf zu verbinden.

Das hier entstandene Buch soll dazu dienen, dass andere von dem profitieren können, was ich selbst in den Jahren als Assistenzarzt in der Psychiatrie gelernt und innerlich bewegt habe – was mir wichtig wurde in privaten und beruflichen Beziehungen, in der Beziehung zu Gott und in Bezug auf mich selbst.

Seitdem die Psychiatrie als solche existiert und damals aus dem sakralen Umfeld der Seelsorge als Priesteramt herausgelöst wurde, gingen die beiden Strömungen – die medizinisch-wissenschaftliche und die kirchlich-christliche – über rund hundert Jahre getrennte Wege. Dies ermöglichte zwar viel Forschung und die Entwicklung der Psychiatrie und Psychotherapie, andererseits wurden dadurch aber gerade zentrale Lebensthemen wie die Gottesbeziehung, der Sinn des Lebens, das Heil oder die Schuldfrage fast gänzlich aus der Begleitung und Therapie von psychisch Kranken im fachlichen Umfeld verdrängt. In den letzten Jahrzehnten hat eine erfreuliche Entwicklung mit wiedergewecktem Interesse der Integration von Medizin und Glaube, von Psychiatrie und Seelsorge sowie von Therapieforschung und Glaubenspraxis stattgefunden.

Es sind sowohl im gemeindlich-christlichen Umfeld als auch in der klinisch-psychiatrischen Tätigkeit oft die immer wiederkehrenden Lebensmuster, die Verletzungen der Vergangenheit, die Lebenslügen oder geprägten Wahrnehmungs-Filter, welche das persönliche, aber auch das geistliche Leben und Wachstum hemmen und eine grundsätzlich fruchtbare Gemeinschaft zu zerstören drohen. Diese eingeübten Muster werden in der Schematherapie als Schemata bezeichnet. Jeffrey Young, der Begründer der

2 Pfeifer, Samuel. Die Schwachen tragen: Moderne Psychiatrie und biblische Seelsorge. Basel: Brunnen-Verlag, 1988.

Schematherapie, pflegt zu sagen, dass maladaptive[3] Schemata sich dadurch auszeichnen, dass sie im Verlauf des Lebens stärker werden, außer wenn sie in Therapie bearbeitet werden oder durch eine heilsame Beziehung Veränderung erfahren dürfen.

In der Schematherapie heißt die zentrale therapeutische Haltung »limited reparenting«, zu Deutsch »begrenzte elterliche Fürsorge« oder »Nachbeelterung«. Damit ist gemeint, dass man als Begleiter versucht, den kindlich-verletzten Teil des Gegenübers sozusagen als liebevoller Ersatz-Elternteil zu versorgen. So werden die unangenehmen Emotionen wahrgenommen, die zugrundeliegenden Bedürfnisse können gestillt werden und der Ratsuchende lernt dadurch, wie er diese Funktionen immer mehr für sich selbst übernehmen kann. Ich glaube, dass neben der Therapie besonders die Beziehung zu Gott die heilsame Quelle ist, die wir brauchen. Und dass gerade die Beziehung unter Christen, unter Menschen, die Plattform sein kann, auf der Heilungsprozesse voranschreiten.

Die Bibel ist voll von Aussagen, in denen sich Gott als liebevoller Vater zeigt:

Seht, welch eine Liebe hat uns der Vater erwiesen,
dass wir Kinder Gottes heißen sollen!
(1. Joh 3,1 SCHL)

Auch in den zwischenmenschlichen Beziehungen der Christen werden die Begriffe des Familienlebens oft verwendet. So drückt sich Paulus in seinen Briefen oft sehr väterlich oder mütterlich aus:

Ich habe keine größere Freude als die, zu hören,
dass meine Kinder in der Wahrheit wandeln.
(3. Joh 4 SCHL)

Wir waren liebevoll in eurer Mitte, wie eine stillende
Mutter ihre Kinder pflegt.
(1. Thess 2,7 SCHL)

---

3 Maladaptiv = wörtl. »schlecht angepasst«, hinderlich; dh. Muster, die als schlechte Anpassung an die Lebensumstände geformt wurden und wegen ihrer »Unpässlichkeit« das Leben erschweren.

Gemeinsam mit vielen anderen, die die Verbindung von Glaube und Therapie in den letzten Jahren angestrebt haben, wünsche ich mir, dass die lebensverändernde Kraft der Liebe Gottes zusammen mit dem aktuellen Wissen um hilfreiche Faktoren in der Psychotherapie ihr multiplikatives Potential noch mehr entfalten kann. Dass ich als weiterhin Lernender beginne, ein Buch zu diesem Thema zu schreiben, hängt weniger mit der Überzeugung zusammen, der Welt eine bereits fertige Lösung präsentieren zu können. Sondern vielmehr hängt es zusammen mit der Dankbarkeit, als christlich sozialisierter Arzt und angehender Psychiater und Psychotherapeut auf viele meiner Fragen, die sich im Spannungsfeld Psychiatrie und Glaube unweigerlich stellen, bereits an verschiedenen Orten aufschlussreiche, beflügelnde, ja visionäre Antworten oder mögliche Antwortwege gefunden zu haben.

In einem ersten Teil des Buches stelle ich die Schematherapie vor, welche eine nachvollziehbare und annehmbare Erklärung für tiefgreifende Persönlichkeitsmuster liefert, aber auch Veränderungsmöglichkeiten aufzeigt dafür. Im zweiten Teil widme ich mich der Verbindung von Schematherapie und christlichem Glauben sowie den Fragen, die in diesem Zusammenhang wichtig werden können. Nach diesen vorbereitenden Themen gehe ich im dritten Teil auf die titelgebenden heilsamen Beziehungen ein – zu Gott und zu Menschen. Hier greife ich auch verschiedene christliche Traditionen auf und verbinde sie mit dem Wissen aus der Schematherapie.

Möge meine Suche nach dieser kraftvollen Verbindung von Psychiatrie und Glaube allen, die sich für die seelischen Nöte und das geistliche und persönliche Wachstum eines lieben Mitmenschen öffnen und darin Gottes Ehre und Weisheit suchen, zum Segen werden.

Teil 1: Einführung in die Schematherapie

1.1 ENTSTEHUNG UND ANWENDUNGSBEREICHE DER SCHEMATHERAPIE

Hilfe gesucht:
Die junge Frau saß in meinem Büro auf ihrem Stuhl und weinte so heftig, dass ihre dunkelbraunen Strähnen über ihrem von innerem Schmerz verzerrten Gesicht auf und ab wippten. Von außen hätte man der 24-Jährigen nicht angesehen, wie sehr sie innerlich geplagt war – bis auf die in dieser Therapiestunde ausgebrochenen Tränen. Sie war intelligent, aufmerksam, differenziert – und gefangen. Gefangen in Mustern, die sie immer weiter in die Selbstverachtung trieben. Wenn sie nicht Überstunden leistete, suchte sie ihren Schmerz und die innere Unruhe mit wildem Feiern sowie exzessivem Alkoholkonsum zu betäuben. Es gelang ihr dadurch – für ein paar Stunden – ihre Not, ihren tiefen Selbstwert und ihre ohnmächtige Wut zu dämpfen. Übernächtigt und verkatert schwor sie sich jeweils, nicht mehr so viel zu trinken, nicht mehr auf Parties zu gehen und sich besser unter Kontrolle zu haben. Ohne Erfolg.

Es mangelte ihr nicht an Wissen über die schädliche Wirkung von Alkohol oder an der Motivation, ihre unguten Muster zu verändern. Aber sie fühlte sich zu dem Zeitpunkt nicht einmal genügend wertvoll, um gesünder mit sich selbst umzugehen.

Als sie nun in jener Therapiestunde bei mir war, kamen wir der Wurzel ihres inneren Schmerzes auf die Spur. Die bislang unerklärliche starke innere Unruhe konnte mit Szenen aus ihrer Kindheit in Verbindung gebracht werden und der Schmerz brach hervor. Erinnerungen aus dem Elternhaus, in dem sie täglich Gewalterlebnissen ausgesetzt war, kamen hoch. In diesen Erinnerungen fühlte sie sich überfordert, abgelehnt, hilflos und ohnmächtig wütend.

Innerlich berührt von der ausweglosen und dramatischen Kindheitsszene, versuchte ich, ihr mit liebevollen Worten Trost zu schenken. Gemeinsam formten wir die Erinnerung so um, dass das kleine Mädchen von damals in Sicherheit, getröstet und beruhigt war. Daraufhin glättete sich der Seelensturm ihrer inneren Unruhe.

In der Folge bekämpften wir gemeinsam die Lügen in ihrem Leben, die sie als wertlos, abgelehnt und schuldig beschimpften. Sie durfte erleben, wie sich jemand für sie einsetzte, gewann dadurch an Selbstachtung und schöpfte Mut und Hoffnung, auch für sich selbst einstehen zu können.

Wie diese junge Frau sind viele Menschen gefangen in tiefgreifenden Lebensmustern, Lebenslügen und den hilflosen Versuchen, die dadurch ausgelösten Schmerzen zu betäuben. Und genau für solche Menschen wurde die Schematherapie entwickelt, die die Möglichkeit bietet, tiefe Wunden heil werden zu lassen und neue, heilsame Erfahrungen zu machen.

Im Folgenden stelle ich die Grundlagen dieser Therapie vor, um danach auf die Verbindung mit dem christlichen Glauben einzugehen.

Der amerikanische Psychologe Jeffrey Young entwickelte in den späten 1980er Jahren die Schematherapie. Er war vorher geprägt von der kognitiven Verhaltenstherapie, welche gute Wirksamkeitsnachweise erbringen konnte. Bei einer Gruppe von Patientinnen und Patienten jedoch schien sie nur beschränkt wirksam zu sein. Young bemerkte, dass insbesondere bei Menschen mit Persönlichkeitsstörungen die sonst sehr wirkungsvollen Methoden der kognitiven Verhaltenstherapie unbefriedigende Ergebnisse zeigten. Er stellte fest, dass diese Menschen in ihrem Leben Prägungen erfahren hatten, aus denen destruktive Muster entstanden waren. Diese ließen sich durch die gängigen Methoden der kognitiven Verhaltenstherapie wie kognitives Umstrukturieren, sokratische Dialoge, Positiv-Tagebücher, Expositionstrainings oder Rollenspiele nicht so leicht verändern. Deswegen entwickelte er in der Arbeit mit Menschen mit Persönlichkeitsstörungen wie der Borderline-Persönlichkeitsstörung oder der narzisstischen Persönlichkeitsstörung die Schematherapie. Er übernahm vorbestehende Theorien und Techniken und entwickelte sie zu einem integrativen Therapiemodell weiter, das einerseits der strukturierten, zielorientierten kognitiven Verhaltenstherapie entsprang, darüber hinaus aber auch die Prägung eines Menschen, die biographischen Aspekte, die Emotionen und insbesondere auch die therapeutische Beziehung mit berücksichtigt. Dabei passte er die Theorie oder die beschriebenen Schemata laufend den in der praktischen Arbeit mit den Patientinnen und Patienten gemachten Erfahrungen an.

Jeffrey Young versteht unter einem Schema ein sich wiederholendes Muster, das immer wieder ausgelöst werden kann. Dieses Muster beinhaltet Gefühle, Gedanken, Erinnerungen sowie körperliche Reaktionen und hängt mit unseren Beziehungen zusammen. Angelegt wird ein Schema in der Kindheit oder Jugend und bildet sich im weiteren Leben oft noch stärker aus. Da wir auch hilfreiche Muster in unseren Leben haben, ist es wichtig zu betonen, dass die im Folgenden beschriebenen Schemata dysfunktional, also für uns und unsere Beziehungen schädlich sind.

Definition Schema: (gemäß. J. Young)[4]	Unter einem Schema versteht man ein • aktivierbares, überdauerndes Thema oder Muster, das • Erinnerungen, Gefühle, Gedanken und Körperempfindungen beinhaltet, • welche sich auf die Beziehungen zu sich selbst und zu anderen beziehen. • Diese Schemata sind in der Kindheit oder Adoleszenz entstanden, • werden im Laufe des Lebens tendenziell stärker ausgeprägt und • sind stark dysfunktional.

Bei der eingangs beschriebenen jungen Frau könnte man als Folge des wiederholten körperlichen Missbrauchs mit den Gewalterfahrungen überprüfen, ob sie das Schema »Misstrauen/Missbrauch« aufweist (siehe Tabellen Seite 25–30: Übersicht über die 18 Schemata). Aufgrund des tief verankerten Gefühls der eigenen Unzulänglichkeit würde man zudem vermuten, dass sie das Schema »Unzulänglichkeit/Scham« hat. Die betreffende Frau weist sicherlich auch noch das Schema »Emotionale Vernachlässigung« auf, weil es ihr in der Kindheit über weite Strecken an emotionaler Unterstützung durch ihre Bezugspersonen gemangelt hat. Beim Versuch, dies zu bewältigen, hat sie in der Folge Muster entwickelt, mit denen sie die Anerkennung von anderen über Leistung zu erreichen

4 Young, Jeffrey, Janet Klosko, Marjorie Welshaar. Schematherapie: Ein praxisorientiertes Handbuch. Paderborn: Junfermann, 2005.

suchte (»Streben nach Zustimmung und Anerkennung«) sowie verschiedene Bewältigungsstrategien angewandt, um den inneren Schmerz zu vermeiden (Vermeidung durch Arbeit, Ablenkung und Alkohol).

Schemata (oder auch »Lebenslügen«) sind also in der Regel in der Kindheit entstanden, werden aber in der Gegenwart durch Situationen oder Umstände immer wieder aktiviert. Die Ursache von solchen Aktivierungen können ganz unterschiedliche Auslöser sein, die irgendwie inhaltlich oder situativ dem Ursprungsszenario ähneln. Meist ist uns dies jedoch nicht bewusst – unter anderem auch weil wir unsere Bewältigungsstrategien derart schnell und automatisch aktivieren, dass die zugrundeliegenden Schemata oft nicht bewusst wahrgenommen werden.

Gemäß Jeffrey Young können Schemata nur in guten Beziehungen geheilt werden – in einer gesunden Partnerschaft, einer therapeutischen Beziehung oder der Beziehung mit Gott. Zur Veränderung der dysfunktionalen Muster wendet Jeffrey Young Methoden an, welche emotionsaktivierend und erlebnisorientiert sind. Auch der therapeutischen Beziehung kommt eine wichtige Funktion zu.

Seit Jeffrey Young 1990 zum ersten Mal seine Theorie einem größeren Publikum zugänglich gemacht hat, breitet sich diese Therapieform immer weiter aus. Neue Bücher zum Thema kommen laufend auf den Markt und die Schematherapie wurde und wird weiterhin intensiv beforscht. Insbesondere die Schematherapeutinnen und -therapeuten in Holland legten dabei viel Engagement an den Tag und konnten in einer Vielzahl von Studien zeigen, dass die Schematherapie wirksam ist.

Der Anwendungsbereich weitete sich von den anfangs beschriebenen Persönlichkeitsstörungen auf weitere chronische psychische Störungen wie Abhängigkeitserkrankungen, Angst- und Zwangsstörungen, Essstörungen, Traumafolgestörungen, Depressionen sowie auch hyperkinetische (ADHS) und psychotische Störungen aus. Zudem wird sie erfolgreich bei Paartherapien sowie in der Kinder- und Jugendpsychiatrie angewendet. Dabei gibt es bislang vor allem für die Borderline-Persönlichkeitsstörung, die narzisstische und für sogenannte Cluster C Persönlichkeitsstörungen (ängstliche, abhängige, zwanghafte und passiv-aggressive Persönlichkeitsstörung) gute Studienergebnisse, welche die Wirksamkeit der Schematherapie belegen.

1.2 GRUNDBEDÜRFNISSE – GESTILLT ODER FRUSTRIERT?

Jeffrey Young geht von fünf emotionalen Grundbedürfnissen aus, die für jedes Kind und jeden Erwachsenen für die gesunde Entwicklung unentbehrlich sind[5]. Wichtig ist es zu betonen, dass Schemata nicht bereits dann entstehen, wenn Grundbedürfnisse einmal nicht gestillt sind, sondern wenn sie wiederholt oder andauernd nicht beachtet werden. Auch ist die Reaktion der Bindungspersonen (meist Mutter und Vater) auf die Frustration der Bedürfnisse wichtig und kann diese je nachdem auch wieder »unschädlich« machen. Es gibt den »nicht erreichbaren Idealzustand«, dass immer alle Grundbedürfnisse abgedeckt sind und die »realistische und nicht grundsätzlich schädliche Tatsache«, dass Bedürfnisse nicht immer, aber insgesamt doch ausreichend gestillt werden. Wenn jedoch die Grundbedürfnisse anhaltend verletzt werden und darauf nicht angemessen reagiert wird, können sich Schemata bilden. Die fünf emotionalen Grundbedürfnisse sind:

1. Sichere Bindung zu anderen Menschen
2. Autonomie, Kompetenz und Identitätsgefühl
3. Realistische Grenzen und Selbstkontrolle
4. Freiheit, berechtigte Bedürfnisse und Emotionen ausdrücken zu können (Selbstausdruck)
5. Spontanität und Spiel

Als »Mutter« aller Grundbedürfnisse nennt man oft das Bedürfnis danach, gesehen zu werden. Wahrgenommen oder gesehen zu werden ist sozusagen der gemeinsame Nenner der fünf Grundbedürfnisse, welche im Anschluss kurz beschrieben werden.

5 Young, Jeffrey, Janet Klosko, Marjorie Weishaar. Schematherapie: Ein praxisorientiertes Handbuch. Paderborn: Junfermann, 2005.

Sichere Bindung

Eine sichere Bindung beinhaltet das durchgehende Erleben, dass eine zuverlässige Bindungsperson (in der Regel ein Elternteil, meist die Mutter) für das Kind da ist, es ermutigt, unterstützt, ihm auf unterschiedliche Weise zeigt, dass es geliebt ist, seine Grenzen wahrt und respektiert. Es beinhaltet die Erfahrung von Nähe, Geborgenheit und Zugehörigkeit. Die Frustration dieses Bedürfnisses führt zum Erleben des Gegenteils: Ablehnung und Abgetrenntheit. Eine sichere Bindung beinhaltet daher Sicherheit, Stabilität, Akzeptanz, Versorgung und Schutz.

Autonomie und Identität

Während das Bindungsbedürfnis eher mit Nähe assoziiert ist, geht es bei Autonomie um die Freiheit, Entscheidungen treffen und Verantwortung übernehmen zu können, Kompetenzen zu entwickeln und auch Fehler machen zu dürfen. Wenn ein Kind sicher gebunden ist, sich dabei aber auch frei fühlen darf zu erkunden und zu entdecken, kann es seine eigene Identität finden und seine Kompetenzen erweitern. Wenn die Autonomie beeinträchtigt ist, kann die eigene Identität nicht wachsen. Diesen Menschen fällt es später schwer, Verantwortung für sich und ihre Entscheidungen zu übernehmen und sie können oft ihr vorhandenes Potential nicht ausschöpfen.

Realistische Grenzen

Grenzen gehören bei Young auch zu den Grundbedürfnissen, wobei sie in einem gesunden Ausmaß – nicht zu viel, nicht zu wenig – und nicht strafend umgesetzt sein sollten. Das Pendel der pädagogischen Strömungen der vergangenen Jahrzehnte hat hier in verschiedene Richtungen ausgeschlagen, wobei die Extreme – wie so oft – wenig hilfreich scheinen.

Man ist sich in Fachkreisen einig darüber, dass ein Kind gesunde Grenzen braucht und dass diese auf eine möglichst liebevoll-unterstützende, aber auch konsequent-klare Art gesetzt werden sollten. Konsequenzen sollen möglichst natürlich (natürliche Folge auf die Handlung des Kindes) oder aber logisch sein: auf Handlung A (z. B. das Kind wirft den Teller runter) folgt Konsequenz B (es hilft beim Aufwischen). Konsequenzen im Sinne von körperlichem (z. B. Schläge) oder emotionalem (lange nicht beachten, wütend-rachsüchtig sein, beleidigt sein oder aber den Kindern im Übermaß die Verantwortung übergeben für das eigene emotionale Leiden, »weil Du nicht gehorcht hast, geht es Mami jetzt schlecht«) Missbrauch sollten möglichst vermieden werden. Eine gute Absprache zwischen den Elternteilen ist hier sicherlich hilfreich, um toxische Wutausbrüche auf Seiten der Elternteile eine Seltenheit bleiben zu lassen. Wenn dem Bedürfnis nach Grenzen nicht angemessen begegnet werden kann, können daraus Schwierigkeiten im Umgang mit Begrenzungen folgen, was sich in Anspruchshaltung oder unzureichender Selbstkontrolle äußern kann.

Selbstausdruck

Auch hier hat sich die Grundhaltung in der westlichen Gesellschaft in den letzten Jahrzehnten verändert. Es wird heute als wichtig empfunden, dass Kinder ihre berechtigten Gefühle ausdrücken dürfen und darin von ihren Eltern gesehen, ernst genommen, getröstet und beruhigt werden. Oft ist dieses Grundbedürfnis jedoch vor allem dann tiefgreifend beeinträchtigt, wenn es einem Elternteil aufgrund dessen eigener psychischer Verfassung nicht möglich ist, adäquat auf die Emotionen des Kindes einzugehen. Eine Mutter, die unter einer schweren Depression leidet, kann in der Regel nicht angemessen auf die Emotionen ihres Kindes eingehen. Ebenso ist ein alkoholabhängiger Vater oft nicht in der Lage, das Kind emotional zu unterstützen. Vielmehr lernt das Kind in diesem Fall wahrzunehmen, wie es Mami oder Papi gerade geht, um zu wissen, wie es sich verhalten muss, damit die Bedrohung (z. B. die schlechte Laune des Vaters) abgewendet werden kann. So können in der Regel Menschen mit Frustration in diesem Grundbedürfnis sehr gut wahrnehmen, wie es anderen geht und was andere brauchen, haben aber oft große Mühe mit der Frage, wie es ihnen selbst geht und was sie brauchen. Diese Fremdbezogenheit wirkt oft sehr christlich-altruistisch, ist aber bei starker Ausprägung letztlich sowohl für die Betroffenen als auch für ihre Mitmenschen langfristig nicht hilfreich. Eine aufschlussreiche Frage, ob es um christliche Nächstenliebe geht oder ob ich aus Fremdbezogenheit heraus handle, ist die Frage nach der Motivation. Wenn ich letztlich von Angst motiviert bin – der Angst, abgelehnt zu werden, nicht zu genügen oder vor anderen negativen Folgen – bin ich höchstwahrscheinlich schemamotiviert. Wenn meine Antriebsfeder aber Liebe ist, Liebe die ich frei geben will, die ich geben kann, weil ich mich selbst geliebt und angenommen weiß, dann kommt dies dem Ideal der christlichen Nächstenliebe näher.

Spontanität und Spiel

Das Grundbedürfnis nach Spiel, spielerischem Lernen und dem Erleben von Lust ist ebenfalls wichtig. Kinder lernen in erster Linie spielerisch, durch Nachahmen und auch durch das Fehlermachen. Wenn ein Kind spielt, kann man grundsätzlich davon ausgehen, dass die übrigen Bedürfnisse ebenfalls mehr oder weniger gestillt sind. Ist dieses Bedürfnis frustriert, werden die Kinder oft gehemmt und übertrieben wachsam. Eine erhöhte Leistungsorientierung, Pessimismus, Bestrafungsneigung und emotionale Gehemmtheit können daraus entstehen.

Je nach Autor wechseln die Grundbedürfnisse ihre Bezeichnung, manchmal werden z. B. die von Klaus Grawe postulierten Grundbedürfnisse genannt: Bindung, Kontrolle und Orientierung, Selbstwerterhöhung/-schutz, Lust/Unlustvermeidung.

1.3 ENTSTEHUNG DER SCHEMATA

Am stärksten prägen uns die ersten vier bis fünf Lebensjahre, weshalb dann die meisten Schemata entstehen. Gewisse Schemata, wie »Isolation«, werden jedoch typischerweise später – z. B. während der Schulzeit – geprägt. Es gibt gemäß Young vier verschiedene Entstehungsarten eines Schemas[6].

1. Zu wenig Gutes: Ein Schema entsteht durch ungestillte Grundbedürfnisse, indem gute, wichtige Elemente wie Liebe,

6 Young, Jeffrey, Janet Klosko, Marjorie Weishaar. Schematherapie: Ein praxisorientiertes Handbuch. Paderborn: Junfermann, 2005.

Stabilität oder Sicherheit in der Kindheit gefehlt haben. Daraus können Schemata wie »emotionale Vernachlässigung« oder »Verlassenheit und Instabilität« resultieren.

2. Zu viel Schlechtes: Traumatische Erlebnisse oder negative Erfahrungen können ebenfalls durch Verletzung der Grundbedürfnisse zu Schemata wie z. B. »Misstrauen/Missbrauch«, »Unzulänglichkeit/Scham« oder »Verletzbarkeit« führen.
3. Des Guten zu viel: Wenn Kinder zu viel an grundsätzlich Hilfreichem wie Fürsorge, Zuwendung oder Verwöhnung erleben, sind ihre Grundbedürfnisse nach Autonomie oder realistischen Grenzen nicht gestillt. Daraus entstehen Schemata wie »Abhängigkeit/Inkompetenz« oder »Anspruchshaltung/Grandiosität«.
4. Der Apfel fällt nicht weit vom Stamm: Zudem können Kinder Schemata auch von nahen und prägenden Bezugspersonen »lernen«, bzw. sich damit identifizieren. So wird ein Kind einer ängstlichen Mutter, welche sich immer Sorgen macht, ihr Kind ständig überwacht und immer das Schlimmste erwartet, möglicherweise das Schema »Negativität/Pessimismus« entwickeln, auch wenn es sonst in seinen Grundbedürfnissen gestillt ist.

Im echten Leben sind die Ursprünge der Schemata oft nicht so klar in diese vier Gruppen einzuordnen. Häufig besteht eine Mischung aus Mangel, Verletzung, Verwöhnung oder Identifizierung.

1.4 ÜBERSICHT ÜBER DIE 18 SCHEMATA

In der täglichen Arbeit mit Patientinnen und Patienten werden heute die Schemata oft weniger stark gewichtet als der jeweils aktuelle Zustand einer Person, der aktive Modus (siehe Seite 38: Das Modusmodell). Die Schemata beschreiben, wie jemand »gestrickt« ist, welche Persönlichkeitszüge vorliegen. Die Modi stehen für die jeweils aktiven Zustände, die aufgrund der vorliegenden Persönlichkeitsmuster auftreten. Obwohl man heute primär »Modustherapie« oder »Modusarbeit« mit den Patientinnen und Patienten durchführt, ist das Verständnis der zugrundeliegenden Schemata wichtig und hilfreich.

Die Schemata werden in fünf Domänen unterteilt, die sich jeweils aus den frustrierten Grundbedürfnissen ergeben:

Nr.	Domäne	Bedürfnis
I	Abgetrenntheit und Ablehnung	Sichere Bindung
II	Beeinträchtigung von Autonomie und Leistung	Autonomie und Identität
III	Beeinträchtigung im Umgang mit Begrenzungen	Realistische Grenzen
IV	Übertriebene Außenorientierung und Fremdbezogenheit	Selbstausdruck
V	Übertriebene Wachsamkeit und Gehemmtheit	Spontanität und Spiel

Diese fünf Schemadomänen werden auf den nächsten Seiten genauer dargestellt[7]. Dabei lohnen sich vor allem die Schemata in Domäne I, II und III zu beachten. Bindung, Autonomie und Grenzen sind unsere wichtigsten Grundbedürfnisse, weshalb die Schemata in diesen drei Domänen auch Kernschemata genannt werden. Die Schemata aus den Domänen IV und V sind oft schon Folgen, bzw. Bewältigungsversuche auf Schemaebene. Zum Beispiel kann hinter einem Aufopferungsschema (Domäne IV) Unzulänglichkeit oder Emotionale Vernachlässigung (jeweils Domäne I) liegen.

7 adaptiert nach Roediger, Eckhard. Praxis der Schematherapie: Lehrbuch zu Grundlagen, Modell und Anwendung. 2. Aufl. Stuttgart: Schattauer 2011.

Domäne I: Abgetrenntheit und Ablehnung		
1	Emotionale Vernachlässigung	Es fehlte an Aufmerksamkeit, Wärme, gefühlvoller Begleitung, Verständnis und Interesse. Daraus entsteht die Erwartung, dass das Bedürfnis nach einer angemessenen emotionalen Unterstützung von anderen nicht gestillt wird.
2	Verlassenheit und Instabilität (im Stich gelassen)	Erlebtes Alleingelassensein führt zu der Erwartung, dass wichtige Personen nicht zur Verfügung stehen oder mich verlassen werden. Verbundenheit, emotionale Unterstützung und konkreter Schutz gegen negative äußere Einflüsse sind nicht zuverlässig verfügbar.
3	Misstrauen/Missbrauch	Erfahrung von anderen verletzt, missbraucht, gedemütigt, betrogen, belogen, manipuliert oder ausgenutzt zu werden. Daher ist man ständig auf der Hut und erwartet, wieder missbraucht zu werden.
4	Isolation	Entsteht oft in der Jugendzeit durch erlebte Ausgrenzung und folgendem Rückzug. Daraus resultiert das Gefühl, vom Rest der Welt ausgeschlossen zu sein, anders zu sein, kein Teil von einer Gruppe oder Gemeinschaft zu sein.
5	Unzulänglichkeit/Scham	Entwertende Kritik durch Bezugspersonen führt zum Gefühl, dass man unzulänglich, minderwertig, schlecht, unfähig, unerwünscht oder nicht liebenswert ist. Kann auch dazu führen, dass man sehr sensibel auf Kritik, Ablehnung und Beschämung reagiert.

Domäne II: Beeinträchtigung von Autonomie & Leistung		
6	Erfolglosigkeit/Versagen	Überkritische leistungsbezogene Rückmeldungen von Bezugspersonen fördern die Selbsteinschätzung, nicht genügend leistungsfähig zu sein, versagt zu haben oder in Zukunft zu scheitern.
7	Abhängigkeit und Inkompetenz	Entsteht, wenn zu viele Entscheidungen abgenommen werden und man daraus schließt, Alltagssituationen nicht angemessen kompetent ohne Hilfe bewältigen zu können. Betroffene zeigen sich hilflos, erfragen die Meinungen anderer und schieben neue Aufgaben auf.
8	Verletzbarkeit	Eine überfürsorglich-ängstliche Haltung der Bezugspersonen kann dazu führen, dass man sich ständig von Katastrophen oder schlimmen Ereignissen bedroht fühlt. Man glaubt, dass man sich nicht angemessen schützen könne. Häufig Angst vor körperlichen (z. B. Herzinfarkt, AIDS) und psychischen (»Verrücktwerden«) Krankheiten oder äußeren Katastrophen (z. B. Naturkatastrophen, Flugzeugabsturz etc.).
9	Verstrickung / unentwickeltes Selbst	Übermäßige Verbundenheit mit engen Angehörigen. Eine eigene Identität wird nicht umfassend entwickelt, Entscheidungen werden nicht ohne Rücksprache getroffen. Das eigene Lebensglück wird von der Zufriedenheit der anderen abhängig gemacht. Ohne Kontakt zur Familie entstehen Gefühle von Leere, Unsicherheit und Mangel an Orientierung.

Domäne III: Beeinträchtigung im Umgang mit Begrenzungen		
10	Anspruchshaltung/ Grandiosität	Wird begünstigt durch übermäßig »permissives« Elternverhalten, also den Kindern alles durchgehen lassen. Zu der mangelnden Grenzsetzung gehört oft auch das Idealisieren der Kinder und eine starke Status- und Erfolgsorientierung. Dies führt zum Erleben, dass man anderen überlegen ist, besondere Rechte und Privilegien besitzt und der Erwartung, dass man bekommt, was man möchte. Das Gespür für die Bedürfnisse und Empfindungen anderer sowie für ausgeglichene Beziehungen ist beeinträchtigt.
11	Unzureichende Selbstkontrolle / -disziplin	Wenn Kinder zu wenig gefordert werden, ist ihre Bereitschaft, sich anzustrengen, Frustrationen zu tolerieren, eigene Gefühle zu regulieren und sich einzuordnen reduziert. Sie vermeiden unangenehme Situationen, Schmerzen, Konflikte, Verantwortlichkeiten und neigen zu Schonverhalten und Bequemlichkeit.

Domäne IV: Übertriebene Außenorientierung und Fremdbezogenheit		
12	Unterordnung/ Unterwerfung	Wenn Bedürfnisse des Kindes systematisch übergangen werden, fördert dies die übermäßige Bereitschaft, eigene Bedürfnisse und Gefühle zurückzuhalten und sich der Kontrolle anderer zu unterwerfen, um Ärger, Verlassenwerden oder andere Nachteile zu vermeiden. Dahinter steht das Gefühl, dass eigene Bedürfnisse und Wünsche keine Bedeutung haben. Längerfristig werden Ärgergefühle aufgebaut, die in passiv-aggressivem Verhalten, unkontrollierten Wutausbrüchen, psychosomatischen Symptomen, Substanzabhängigkeit oder generalisierter Gefühlsverflachung münden können.
13	Aufopferung	Wenn Bezugspersonen Kinder verstärkt zur Bewältigung eigener Probleme benutzen, entwickeln diese häufig ein aktives Bedürfnis, die Wünsche anderer Menschen zu ahnen und zu erfüllen, um dadurch Aufmerksamkeit zu bekommen. Die Betroffenen fühlen sich oft schuldig, wenn sie die Bedürfnisse von anderen nicht vor ihre eigenen stellen. Stichwort »Helfersyndrom«, »Co-Abhängigkeit«.
14	Streben nach Zustimmung und Anerkennung / Beachtung-Suchen	Drängen Bezugspersonen übermäßig auf sozial erwünschtes Verhalten, können Kinder ihre eigenen Grundbedürfnisse aus den Augen verlieren. Sie haben die Tendenz, Aufmerksamkeit oder Bewunderung anderer Menschen auf sich zu ziehen mit dem entsprechenden Verhalten (Status, Leistung, äußere Erscheinung). Dabei haben sie oft auch Beziehungen, die sozialen Status vermitteln, ihre Grundbedürfnisse aber nicht befriedigen.

Domäne V: Übertriebene Wachsamkeit und Gehemmtheit		
15	Emotionale Gehemmtheit	Harte Eingrenzungen und Bestrafungen können Kinder darin hemmen, sich spontan und impulsiv zu verhalten, weil eine Angst besteht, sich »daneben zu benehmen« und beschämt zu werden. Dies betrifft insbesondere auch den Ausdruck von Ärger, aber auch z. B. lautes Lachen, Tanzen oder Kontrollverluste beim Spielen. Sie haben Angst, dass sie durch das Zeigen eigener Gefühle und Bedürfnisse von anderen verletzt und beschämt werden, weshalb sie oft dazu neigen, alles rational zu erklären und die eigene emotionale Beteiligung zu übersehen.
16	Überhöhte Standards (unerbittliche Ansprüche)	Bei übermäßigen Leistungsanforderungen der Eltern und Intoleranz gegenüber Fehlern übernehmen die Kinder die Standards der Eltern, um Anerkennung zu bekommen bzw. Kritik zu vermeiden. Dies führt zu Perfektionismus, strengen Leistungsanforderungen an sich selbst und der Tendenz, immer effektiv und zeitsparend zu leben. Damit geht die Unfähigkeit einher, zu entspannen und ruhige Momente alleine oder in Partnerschaften zu genießen. Sie sind immer unter Druck, Dinge zu erledigen und Ziele zu erreichen, was ebenfalls beziehungsstörend ist.
17	Negatives hervorheben / Pessimismus	In der Regel wird dieses grundlegende Unsicherheitsgefühl durch übermäßig ängstliche und eingrenzende Eltern begünstigt. Die Betroffenen erwarten immer das Schlechteste (»Pessimisten«), sind dauerhaft angespannt und befürchten, in Situationen gefangen zu sein oder beschämt zu werden. Sie sind sehr besorgt und kritisch bis hin zur Entscheidungsunfähigkeit.

18	Bestrafungsneigung	Sehr strenge, rigide und bestrafungsorientierte Normen der Bezugspersonen lassen dieses Schema entstehen. Betroffene sind der Ansicht, dass auch kleinste Fehler bestraft werden müssen und haben extreme Ansprüche an sich und andere. Es fällt ihnen sowohl bei sich selbst als auch bei anderen sehr schwer, Fehler zu vergeben und Schwächen zu akzeptieren.

Es existieren verschiedene Fragebögen, die helfen können, die aktiven Schemata, aber auch die Prägung der Eltern, die Bewältigungsstrategien sowie die vorhandenen Modi zu identifizieren[8]. Bei vertieftem Interesse verweise ich auf ausführlichere Fachliteratur der Schematherapie. Die Kurzform des Schema-Fragebogens lässt sich im Internet finden (Stichwort »YSQ-S2«). Als grobe Faustregel sagt man, dass die fünf am stärksten ausgeprägten Schemata als relevant betrachtet werden können.

Die Schemata in den Domänen »Übertriebene Außenorientierung und Fremdbezogenheit« sowie »Übertriebene Wachsamkeit und Gehemmtheit« sind oft schon Bewältigungsversuche der ersten drei Domänen (»Abgetrenntheit und Ablehnung«, »Beeinträchtigung von Autonomie und Leistung« sowie «Beeinträchtigung im Umgang mit Begrenzungen»). Sie verhindern, dass die negativen emotionalen Schemata aus diesen ersten beiden Domänen aktiviert werden. Dies sind natürlich primär unbewusste Prozesse. Mit den Bewältigungsversuchen kommen wir jedoch bereits zum nächsten Thema.

8 Fragebogen zu aktiven Schemata: YSQ-S3 (oder die etwas ältere Version YSQ-S2); Prägung: YPI; Bewältigungsstrategien: YCI und YRAI; vorhandene Modi: SMIr.

1.5 BEWÄLTIGUNGSSTRATEGIEN

Natürliche Schutzmechanismen werden zum Gefängnis

Angriff als Verteidigung:
Im Kopf hallte der Knall der soeben zugeschlagenen Tür meines Büros noch lange nach. Benommen war ich aber vor allem von dem, was sich zuvor ereignet hatte: Ein Therapiegespräch mit einer Patientin mit einer Borderline-Persönlichkeitsstörung. Misstrauen, ein praktisch nicht vorhandenes Selbstwertgefühl, heftige Gefühlsschwankungen und selbstzerstörerische Gedanken sowie entsprechende Handlungen prägten das Leben dieser Frau seit vielen Jahren. Es hatte im Gespräch diesen kurzen Moment gegeben, in dem echte Gefühle und Bedürfnisse zum Vorschein gekommen waren. Ihre Angst, abgelehnt zu werden, konnte sie gerade noch formulieren. Dieser flüchtige Augenblick war aber gefolgt von einem beeindruckenden Kurswechsel. In Folge wurde ich als Therapeut, mit meinen Fähigkeiten und meiner Art gezielt und schmerzlich in Frage gestellt. Die Patientin griff mich mit einer Heftigkeit an, die mich innerlich den Atem anhalten ließ. Ich realisierte, dass sie sich schützte, in dem sie mich verletzte, spürte in mir aber auch meinen eigenen inneren Drang aufsteigen, die Patientin wegen ihrer scharfen Angriffe von mir wegzustoßen. Und ich realisierte, wie sich ihre Angst, abgelehnt zu werden, auf diese Weise in Beziehungen immer wieder bestätigte. Auch ich spürte den Impuls, sie abzulehnen. Dank des Wissens, dass meine Patientin sich zu schützen versuchte, gelang es mir aber, weiter mit ihr in Beziehung zu bleiben. Nach mehreren ähnlichen Gesprächen konnte sie mir soweit vertrauen, dass diese verletzenden Angriffe fast vollständig aufhörten. Darauf war es möglich, den zugrundeliegenden Gefühlen und Bedürfnissen näher zu kommen.

Alle höher entwickelten Organismen haben drei Möglichkeiten, auf Bedrohung zu reagieren: Erstarren, Flucht oder Kampf. Diese biologisch angelegten Schutzmechanismen entsprechen den drei Bewältigungsstrategien der Schematherapie: Erdulden, Vermeiden und Kompensation[9].

9 Young, Jeffrey, Janet Klosko, Marjorie Weishaar. Schematherapie: Ein praxisorientiertes Handbuch. Paderborn: Junfermann, 2005.

In der Kindheit sind diese (unbewussten) Reaktionen auf Bedrohungen oft die beste Möglichkeit, die wir haben, und können als gesunde Überlebensstrategien angesehen werden. Diese eingeübten Reaktionsmuster bleiben recht stabil, auch wenn sie im Erwachsenenalter – aufgrund der seither erworbenen Fertigkeiten – meist nicht mehr sinnvoll sind, bzw. durch adäquatere Mittel ersetzt werden könnten. Dass dies nicht so einfach ist, ist selbstredend, wurden diese Reaktionsmuster doch in unsere neuronalen Netzwerke »eingebrannt«, so dass sie seither bei einer Schema-Aktivierung weitgehend automatisch ablaufen. Und obwohl die Bewältigungsstrategien ursprünglich Versuche waren, einer schwierigen oder kaum erträglichen Situation zu entrinnen, halten sie uns heute in unseren Schemata gefangen und sind hauptverantwortlich für unsere Probleme, klinischen Symptome oder Konflikte[10]. Wenn in diesem Buch von »Bewältigen« geschrieben wird, ist daher in der Regel eine destruktive, nicht hilfreiche Strategie gemeint und nicht Bewältigung im Sinne von konstruktivem Meistern von Herausforderungen.

Bewältigt werden in der Regel die unangenehmen Empfindungen der Schemata aus den Domänen I, II und III. Die Schemata der anderen Domänen sind wie beschrieben schon Bewältigungsversuche auf Schemaebene.

Im Folgenden werden die drei Schutzmechanismen näher beschrieben.

10 Roediger, Eckhard. Praxis der Schematherapie: Lehrbuch zu Grundlagen, Modell und Anwendung. 2. Aufl. Stuttgart: Schattauer 2011.

Erduldung (Freeze)

Im Tierreich ist diese Reaktion als »Totstellreflex« bekannt. Dabei stellen sich die Tiere tot mit dem Zweck, als Beute nicht mehr interessant zu wirken. Menschen mit dieser Bewältigungsstrategie stellen ihre eigenen Wünsche und Bedürfnisse zugunsten anderer zurück. Sie verhalten sich passiv, angepasst und unterwürfig aus Angst vor Ablehnung, Konflikten oder Bestrafung (Unterordnung). Oder sie übernehmen übermäßig Verantwortung für andere, um sich nicht schuldig zu fühlen (Aufopferung). Unterordnung und Aufopferung fühlen sich manchmal anfangs gut an, bis der Kräfteverschleiß und die anhaltende Bedürfnisfrustration ihren Tribut zollen.

Erduldung kann man auch als »Außenorientierung« verstehen. In dieser Bewältigungsstrategie richten wir uns nach den Forderungen, Wünschen und Bedürfnissen von Dritten. Eigene Gefühle und Bedürfnisse wahrzunehmen fällt dementsprechend schwer.

Wir alle kennen Menschen, die sich alles gefallen lassen, die ihre eigenen Lebenslügen einfach annehmen und glauben. Sie verhalten sich so, als ob es keine Handlungsalternative gäbe als sich unterzuordnen, sich missbrauchen zu lassen und sich aufzuopfern. Damit ergeben sie sich in die »Wahrheit« des Schemas und leben so, als ob diese Lebenslügen tatsächlich heute noch stimmen würden. Beim zugrundeliegenden Schema »emotionale Vernachlässigung« wäre dies zum Beispiel die Haltung »ich habe Angst davor nicht ernst genommen zu werden, wenn ich mich meinem Partner nicht unterordne. Deshalb halte ich zu ihm, auch wenn er kalt und abweisend zu mir ist. Wie es mir dabei geht, ist nicht so wichtig.«

Vermeidung von Gefühlen (Flight)

Vermeidung ist erfahrungsgemäß eine sehr verbreitete Bewältigungsstrategie, welche verschiedene Formen annehmen kann. Es gibt eine aktive und eine passive Variante. Bei der passiven Form, dem sogenannten »distanzierten Beschützer-Modus«, schützen wir uns durch eine Art innere Mauer vor den unangenehmen Gefühlen. Meist spüren wir uns dann selbst nicht mehr und andere spüren uns auch nicht. Wir fühlen uns einerseits vielleicht distanziert-cool, andererseits aber auch sehr einsam. Flüchten oder Vermeiden können wir auch, indem wir uns aus Beziehungen zurückziehen, Tagträumen nachgehen oder uns unverhältnismäßig müde fühlen (Bewältigen macht im Übrigen meist auch sehr müde, weil es viel Energie braucht).

Aktivere Varianten der Vermeidung sind der »aggressive« oder »ärgerliche Beschützer« (»stachelig« sein und damit andere auf Abstand halten) oder das aktive Selbstberuhigen. Mit letzterem sind verschiedene Formen von Ablenkung wie Workaholismus, Freizeitstress, sich ständig beschäftigt Halten, Medienkonsum, aber auch Konsum von Alkohol oder anderen Substanzen gemeint. Verhaltenssüchte wie pathologisches Spielen, Kaufsucht, Internet- und Pornographieabhängigkeit können ebenfalls diese Flucht-Funktion haben. Auch die als »klagsamer« oder »jammernde Beschützer« bezeichnete Form des »aggressiven Beschützers« versucht Gefühle zu vermeiden, indem er über seine finanzielle Situation, seine Gesundheit oder die Welt im Allgemeinen klagt. Inhaltlich werden dann zwar teilweise Bedürfnisse oder unangenehme Gefühle benannt, die Art des Vortragens (oft ein eher dominanter Appell oder versteckter Vorwurf) schafft aber Distanz – sowohl beim Betroffenen als auch bei seinem Gegenüber.
Je nach zugrundeliegendem Schema reagiert man auch spezifisch, beispielsweise mit Vermeiden von Beziehungen beim zugrundeliegenden Schema »Misstrauen/Missbrauch«.

Kompensation (Fight)

Die dritte Bewältigungsstrategie äußert sich manchmal im eigentlichen Sinn als Kämpfen, indem wir andere angreifen, entwerten und verletzen. Dabei geht es darum, Macht und Kontrolle innezuhaben. Damit wird wiederum versucht ein zugrundeliegendes Schema (oft aus Domäne I oder II) zu bewältigen. Kompensation zeigt sich auch in übermäßigem Kontrollieren, Perfektionismus oder Heischen nach Aufmerksamkeit und Bestätigung. Auch die typisch narzisstischen Strategien wie Selbstverherrlichung, eine übermäßige Anspruchshaltung oder das gezielte Schikanieren von anderen gehören hierzu.

Die Schemata aus Domäne IV und V können auch Kompensationsstrategien von Schemata aus Domäne I bis III sein. Zum Beispiel kann ein junger Mann an sich selbst und andere unrealistisch hohe Ansprüche haben (Schema »unerbittliche Ansprüche«) als Versuch, das völlig zerrüttete Selbstwertgefühl (Schema »Unzulänglichkeit«) zu kompensieren. Oder das Schema »Beachtung suchen« kann die Kompensation bei »Unattraktivität« sein.

Welche Art der Bewältigungsstrategie man wählt, ist einerseits im Charakter eines Menschen angelegt, andererseits kann dies auch von Situation zu Situation variieren (z. B. ein Mann, der im Beruf überkompensiert, aber in der Beziehung zu seiner Frau vermeidet).

In der Schematherapie geht es primär darum, anzuerkennen, dass die Bewältigungsstrategien früher einmal hilfreich und sinnvoll – zum Teil sogar überlebenswichtig – waren, heute aber die zugrundeliegenden Schemata aufrechterhalten. Dabei bleiben die ungestillten Grundbedürfnisse beim Bewältigen in der Regel weiterhin unbefriedigt. Der Ansatz der Schematherapie ist es, die ungestillten Grundbedürfnisse zu sehen, sie – nach Möglichkeit – zu befriedigen und dabei zu realisieren, dass die Bewältigungsstrategien unnötig und überflüssig werden.

Nachdem wir nun unsere verschiedenen Selbstschutzmechanismen betrachtet haben, gehe ich im Folgenden auf das Kernstück der Schematherapie ein – die Modusarbeit.

1.6 DAS MODUSMODELL – WELCHER MEINER ZUSTÄNDE IST GERADE AKTIV?

Das Modusmodell stellt eine Weiterentwicklung des Schematherapie-Modells dar, welche sich insbesondere in der Behandlung von schwereren Persönlichkeitsstörungen (wie z. B. die Borderline- oder die narzisstische Persönlichkeitsstörung) als sehr hilfreich erwiesen hat[11]. Heute arbeiten die meisten Schematherapeutinnen und -therapeuten hauptsächlich mit dem Modusmodell, weil es unmittelbarer auf die aktuelle Befindlichkeit und Situation der Patientinnen und Patienten eingeht. Das Verständnis über die zugrundeliegenden Schemata ist aber nach wie vor wichtig.

Während die beschriebenen Schemata die Persönlichkeitszüge (traits) eines Menschen beschreiben, werden mit den Modi die zu einem bestimmten Zustand aktivierten Erlebenszustände (states), einschließlich ihrer Verhaltenstendenz, beschrieben. Dabei bleiben die zugrundeliegenden Schemata stabil, während die Modi rasch wechseln können. Dieses Wechseln des aktuellen Zustandes nennt man Mode-Flipping.

Ein solch rasches Kippen in einen anderen Modus fand in der oben beschriebenen Situation mit der Borderline-Patientin statt (»Angriff als Verteidigung« auf Seite 33). Das kurze Zulassen von Gefühlen und Ängsten (»verletzlicher Kind-Modus«) wurde durch den sofort aktivierten Selbstschutz (»aggressiver Beschützer-Modus«) wieder verhindert.

Ein Modus stellt ein zu einem bestimmten Zeitpunkt aktiviertes oder getriggertes Erleben von Gefühlen, Gedanken, Körperempfindungen und Erinnerungen dar, welches ein bestimmtes Handeln – oft auch im Sinne von Bewältigungsstrategien – mit sich bringt. Modi sind also vorübergehende funktionelle Zustände einer Person.

Das Modusmodell entstand aus der Beobachtung heraus, dass besonders bei Borderline-Patientinnen und -Patienten häufig sehr viele Schemata in der Exploration (Anamnese, Fragebögen) wie auch in der klinischen Beobachtung erkennbar waren, sodass sich daraus keine überschaubare Fallkonzeption mehr entwickeln ließ. Stattdessen erwies es sich als

11 Roediger, Eckhard. Praxis der Schematherapie: Lehrbuch zu Grundlagen, Modell und Anwendung. 2. Aufl. Stuttgart: Schattauer 2011.

vorteilhaft, direkt – im Hier und Jetzt – mit den in diesem Moment aktivierten und beobachtbaren Modi zu arbeiten.
Hier eine Übersicht über das Modusmodell:

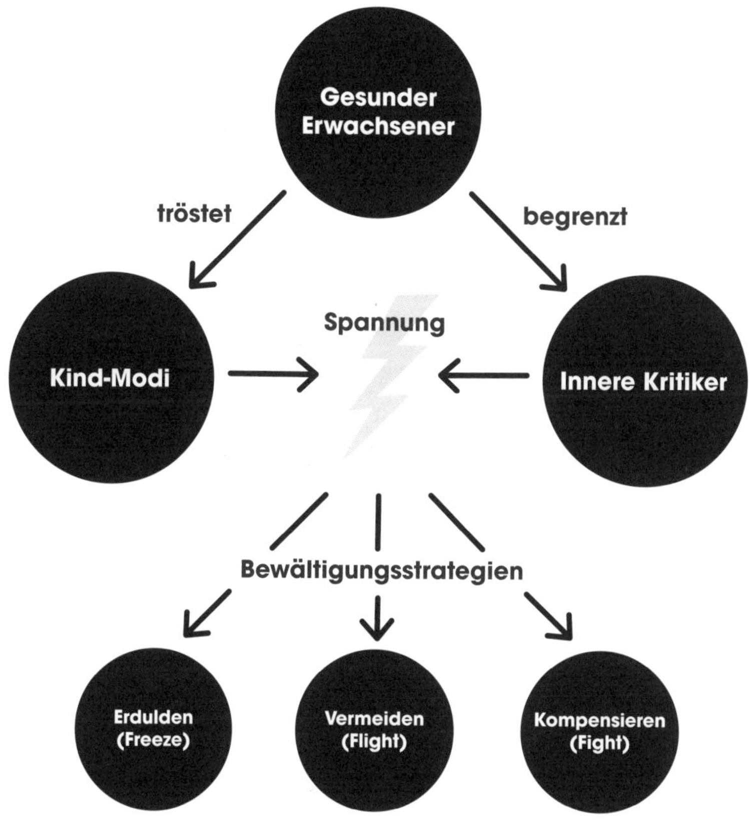

Modusmodell mit den Aufgaben des gesunden Erwachsenen

Wir alle haben verschiedene Modi. Der gesunde Erwachsenen-Modus ist der Teil, der sich mit dem Wachsen und Reifen in Kindheit und Jugend ausbildet. In ihm haben wir unsere Kompetenzen, unsere Fähigkeiten, können uns auf angemessene Weise für uns und unsere Bedürfnisse einsetzen und uns gesund behaupten. In diesem Modus kennen wir unsere Stärken, aber auch unsere Schwächen und können auf gute Weise auf uns und andere eingehen. In diesem Modus lösen wir Konflikte durch konstruktives Meistern von Herausforderungen und bewältigen diese damit auf eine gute Weise.

Dann haben wir die verschiedenen Kind-Modi mit unseren Gefühlen und Bedürfnissen, aber auch unseren Verletzungen, unserer Wut und unseren impulsiven Anteilen. Daneben erleben wir auch unsere ausgelassene, kindlich-glückliche Seite, in der wir »Bäume ausreißen« können oder staunend die Welt erkunden. In den Kind-Modi zeigen wir unsere Gefühle auf kindlich-echte Art.

Dieser kindlich-bedürftige Teil wird vom inneren Kritiker unter Druck gesetzt und hört auf dessen strafenden oder fordernden Aussagen. Der innere Kritiker beinhaltet die negativen Stimmen in unseren Köpfen, die unseren Selbstwert, unsere Identität oder uns als Ganzes in Frage stellen, uns unterdrücken, überfordern, knechten oder bestrafen. Diese Stimmen setzen uns unter Druck und sind nicht hilfreich. (Hingegen kommen hilfreiche Hinweise, die sich uns eingeprägt haben, wie z. B. ein gesundes Wertesystem, im Modus des gesunden Erwachsenen zum Tragen.)

Weil wir als Kinder meist keine bessere Option hatten, haben wir damals unsere biologisch angelegten Bewältigungsstrategien angewandt, die sich heute in den Bewältigungs-Modi zeigen. Die erste Variante der Bewältigung – Erdulden – ist dadurch gekennzeichnet, dass wir uns selbst hinter andere stellen und dadurch aussenorientiert sind – wir unterwerfen uns in schädlichen Beziehungsdynamiken, opfern uns übermässig auf für andere oder suchen ständig nach Bewunderung und positive Bewertung durch andere. In der zweiten Form – Vermeiden – flüchten wir, indem wir uns von den unangenehmen Gefühlen ablenken oder uns irgendwie von ihnen distanzieren, sie betäuben oder wegsperren. In der dritten Variante – Kompensation – versuchen wir krampfhaft die Situation »in den Griff« zu bekommen. Dazu greifen wir andere an, überhöhen uns selbst, verfangen uns in Zwängen oder wenden andere Strategien an, die uns zu einem Gefühl von mehr Sicherheit, Kontrolle oder Macht verhelfen sollten.

Alle drei Formen der Bewältigung führen entweder zu Konflikten oder zu Krankheiten und lösen das dahinterliegende Problem nicht auf, sondern schieben es nur für kurze Zeit zur Seite. Unsere heutigen Probleme sind sogar zu einem großen Teil auf diese hilflosen Versuche, uns selbst zu schützen, zurückzuführen.

Durch diese nicht hilfreichen Formen von Bewältigung werden wir depressiv, zwanghaft, konsumieren Alkohol und andere Drogen oder lenken uns durch übermässigen Gebrauch von sozialen Medien, Computerspielen oder Pornographie ab, wir verletzen uns und andere. Durch die Bewältigungsstrategien erhält unser innerer Kritiker auch oft recht in seinen destruktiven Aussagen, was erneut den Druck auf unsere Kind-Modi verstärkt. Dadurch wird der Teufelskreis aufrechterhalten, während wir immer stärker in unseren Lebenslügen, unseren Schemata, gefangen sind. Ausweg aus dieser Sackgasse kann der gesunde Erwachsenen-Modus bieten, der sich des kindlich-bedürftigen Teils annehmen und sich den Lebenslügen widersetzen kann. Dies zu erlernen ist zentraler Bestandteil der Schematherapie.

Die folgenden Tabellen[12] stellen die »offiziellen« Bezeichnungen der verschiedenen Modi dar, wobei man mit den Patientinnen und Patienten eine passende Beschreibung für die jeweiligen Zustände sucht, so z. B. der »einsame Karl« für den Verletzbaren Kind-Modus oder »die kühle Rita« als Distanzierter Beschützer-Modus.

12 Adaptiert nach Roediger, Eckhard. Praxis der Schematherapie: Lehrbuch zu Grundlagen, Modell und Anwendung. 2. Aufl. Stuttgart: Schattauer 2011.

Kind-Modi	
Verletzbares Kind	Fühlt sich einsam, traurig, hilflos, ohnmächtig, ängstlich, schwach, kraftlos. Oft Druck oder Engegefühl im Brustbereich und flaues Gefühl im Oberbauch. Biologisch angelegtes Reaktionsmuster (=ungelernter Zustand, bei jedem Kind natürlicherweise vorhanden). Braucht Annahme, Zuwendung, Trost, Stillung der Grundbedürfnisse, Raum, um den erlebten Gefühlen Ausdruck geben zu können und liebevoll wahrgenommen zu werden.
Ärgerliches / wütendes Kind	Fühlt intensive Wut, Frustration, Gereiztheit. Meist ausgelöst durch unbefriedigte emotionale oder physische Grundbedürfnisse. Oft Druck oder Wärme im Bauch, manchmal das Gefühl, man könnte »platzen«. Häufig Wechsel zwischen Verletzbarem und Ärgerlichem Kind. Biologisch angelegtes Reaktionsmuster. Braucht Raum, um diese (berechtigten!) Gefühle ausdrücken (ventilieren) zu können.
Impulsiv-undiszipliniertes Kind	Als Folge mangelnder Grenzen und fehlender Forderungen kann impulsives und egozentrisches Verhalten resultieren. Betroffene fühlen im Körper eine – manchmal kaum aushaltbare – innere Anspannung. In diesem Modus neigt man zur Überkompensation ohne auf die Bedürfnisse anderer Rücksicht zu nehmen. Braucht Begrenzung, ohne zu ventilieren.
Glückliches Kind	Fühlt sich geliebt, angenommen, verstanden, beschützt, befriedigt und sicher.

Bewältigungsstrategie I: Erdulden	
»Freeze« Unterordnender Modus (Bereitwilliger Erdulder / Angepasster Aufopferer)	Entsteht, wenn es kaum Möglichkeiten zu einer aktiv-kämpferischen Problemlösung gibt (z. B. wenn ein Kind keine Chance hat für seine Bedürfnisse einzustehen gegenüber einem wütenden und betrunkenen Vater). Außenorientierung. Betroffene zeigen ein unterwürfiges Verhalten, um eine gewisse Anerkennung zu erhalten, lassen sich von anderen schlecht behandeln oder opfern sich auf. Eigene Bedürfnisse werden nicht angemessen wahrgenommen und es werden immer wieder Beziehungen zu Menschen eingegangen, die das selbstschädigende Muster bedienen. Ziel der Therapie ist es, die Bewältigungsstrategie als früher hilfreich anzuerkennen, die dahinterliegenden Bedürfnisse wahrzunehmen / zu stillen und Kompetenzen wie sich Abgrenzen, Neinsagen oder gesunde Selbstbehauptung zu erwerben.

Bewältigungsstrategie II: Vermeiden	
»Flight« Gefühlsvermeidende Modi (Beschützer- bzw. Selbstschutz-Modi)	Passives Erstarrungs- oder aktives Fluchtverhalten.
Distanzierter Beschützer	Der Distanzierte Beschützer wirkt wie eine »Mauer«, hinter der man sich zurückzieht. Gefühle werden abgespalten bis hin zu dissoziativen Zuständen und Selbstverletzungen (diese können aber auch bei anderen Modi auftreten wie beim distanzierten Selbstberuhiger oder auf Aufforderung durch den strafenden Kritiker). Betroffene wirken in diesem Modus kalt-verbittert, resigniert oder distanziert-zurückgezogen, »man spürt sie nicht« und sie spüren sich selbst auch nicht. Im Körper äußert er sich häufig als »Kloss im Hals«. Oft wirken Betroffene in diesem Modus äußerlich recht gesund, haben aber einen schlechten Zugang zu ihren Gefühlen. Der Modus kann sowohl als Schweigen als auch als belangloses »Zutexten« auftreten. In der Therapie ein häufig auftretender, hinderlicher Modus, da ohne Gefühle Veränderungen auf Schemaebene kaum möglich sind.
Distanzierter Selbstberuhiger	Der Distanzierte Selbstberuhiger führt aktiv Handlungen aus, die zur Gefühlsvermeidung beitragen, z. B. exzessives Arbeiten, Medienkonsum, Sport, Einkaufen, Einnahme von Suchtmitteln, gesteigerte Sexualität oder Selbstverletzungen.
Aggressiver Beschützer	Der Aggressive Beschützer zeigt ein passiv-aggressives oder offen feindseliges Verhalten, welches einen abgrenzend-zurückweisenden Charakter hat und beim Gegenüber Ohnmachtsgefühle auslösen kann.

Bewältigungsstrategie III: Kompensieren	
»Fight« Überkompensierende Modi	Bei diesen Modi stehen die Kontrolle und die Selbstwertstabilisierung im Vordergrund.
Selbsterhöher/ Wichtigtuer	Der Selbsterhöher tritt insbesondere bei narzisstischen Personen auf, zeigt sich durch unempathisches, kompetitives, entwertendes Verhalten gegenüber anderen, verbunden mit der Vorstellung, etwas Besonderes zu sein und sich nicht an die üblich geltenden Regeln halten zu müssen.
Pöbel- und Angreifer-Modus	Der Pöbel- und Angreifer-Modus setzt andere gezielt und strategisch herab. In Abgrenzung zum wütenden Kind-Modus, wo Aggression kindhaft-spontan und ungerichtet – ohnmächtig – auftaucht, steht hier die zielgerichtet-destruktive Art der Demütigung und Verletzung anderer im Zentrum. Während das wütende Kind Verständnis, Unterstützung und Beruhigung braucht, muss der Pöbel-Modus empathisch konfrontiert, begrenzt und »zur Seite gestellt werden«.
Manipulierer, Trickser, Betrüger Zerstörer-/ Killer-Modus Zwanghafter / Wahnhafter Kontrolleur	Diese überkompensierenden Modi wurden in forensischen Settings bei Patientinnen und Patienten mit dissozialen und schweren narzisstischen Persönlichkeitsstörungen identifiziert, welche in diesen Modi auch teilweise ihre Straftaten begangen haben.

Innere Kritiker-Modi (Maladaptive internalisierte Eltern-Modi)	
»innere Kritiker«, »Antreiber«, »Bewerter« strafend oder fordernd	Die inneren Kritiker entstehen durch Internalisierung (»Verinnerlichung«) der Forderungen und Bewertungen von Bezugspersonen. Oft entstehen die Kritiker-Stimmen auch als Versuch, sich die Situation zu erklären, ohne dass jemand von aussen dies aktiv sagt. Beispielsweise kann eine Kritikeraussage wie »Deine Bedürfnisse sind unwichtig« aus der Erfahrung heraus entstehen, dass niemand da ist, der auf die Gefühle und Bedürfnisse des Kindes eingehen kann. Dabei sind hier die negativen, dysfunktionalen Stimmen gemeint, die strafend oder fordernd sein können und sich gegen den Betroffenen selbst oder gegen Mitmenschen richten können. Die inneren Kritiker-Modi können – wie alle anderen Modi auch – individuell benannt werden, z. B. als »innerer Kritiker«, »innerer Antreiber«, »der aufgeblasene Typ«. Patientinnen und Patienten erleben anfangs die »innere Stimme« als echten Teil von sich selbst. In der Therapie werden diese ständig auftretenden, nicht hilfreichen inneren Kommentare als innere Kritiker-Modi identifiziert, entmachtet, begrenzt und bekämpft. Eine hinreichend gute Erziehung mit Vermittlung eines gesunden Wertesystems hilft auf der anderen Seite später aber, diese Kompetenzen in seinen gesunden Erwachsenen-Modus zu integrieren. Innere Wertvorgaben, die zur hilfreichen Bewältigung von Lebensaufgaben dienen, werden daher dem gesunden Erwachsenen-Modus zugeschrieben und nicht dem inneren Kritiker.

Gesunder Erwachsenen-Modus (Integrierter Modus)	
Der gesunde Erwachsene	Der gesunde Erwachsene kennt seine Fähigkeiten, setzt seine Ressourcen optimal ein, bewältigt angemessen und situativ sinnvoll, fordert sich und andere heraus, ohne übermäßig strafend oder fordernd zu werden. Er kennt seine Stärken und Schwächen und kann sich zielführend einbringen. Man kann den gesunden Erwachsenen in Abgrenzung zu den drei nicht hilfreichen Bewältigungsmodi als vierten und damit konstruktiven Bewältigungsmodus verstehen. Er kann sich auf eine gute Weise abgrenzen, für sich einsetzen (Selbstbehauptung), sich selbst regulieren (Selbstfürsorge) und mit anderen zusammenarbeiten (Kooperation, sich Einordnen). Er kann den inneren Kritiker begrenzen und entmachten und die Kind-Modi angemessen versorgen, so dass die nicht hilfreichen Bewältigungsstrategien durch die konstruktive Bewältigung des gesunden Erwachsenen ersetzt werden. Ziel ist es, den gesunden Erwachsenen zu stärken.

1.7 ZIELE UND THERAPEUTISCHE HALTUNG

Schemaheilung durch »Nachbeelterung«

Angenommener Angeklagter:
Beschämt blickte er zu Boden und nestelte unruhig an den Kordeln seines Kapuzenpullovers herum. Der junge Familienvater brachte unsere Suchtabteilung an die Grenzen ihrer Möglichkeiten. Zum wiederholten Mal hatte er – entgegen aller Abmachungen, auch mit seiner Ehefrau – auf dem Schwarzmarkt in großen Mengen Ritalin beschafft und eingenommen. Unser Vertrauen in ihn war – soweit noch vorhanden – erneut enttäuscht worden. Sein Verhalten enttäuschte nicht nur, sondern machte auch wütend. Wieso konnte dieser junge Mann nicht endlich seinen Teil an Verantwortung dazu beitragen, dass seine ohnehin schon schwierige Situation sich veränderte? Diese Gedanken beobachtete ich bei mir, äußerte sie aber nicht. Ich begegnete ihm in dem Moment mit einer Annahme, die ich tief in mir spürte, dankte ihm für seine Ehrlichkeit und drückte meine Achtung darüber aus, dass er trotz des erneuten Versagens wieder zu uns zurückgekehrt war. In diesem Moment ereignete sich etwas Besonderes. Die sonst so häufig unruhig umherschauenden Augen sahen mich direkt an und der junge Familienvater bedankte sich bei mir, dass ich ihn nicht auch noch verurteilte. Meine Vermutung, dass er die vorwürflich-abwertenden Stimmen in seinem eigenen Kopf (»innere Kritiker«) wohl schon zur Genüge hörte, traf direkt ins Schwarze.

Das Ziel einer Schematherapie ist eine Reduktion der oft symptombildenden Bewältigungsstrategien und die Heilung der zugrundeliegenden Schemata. Die wichtigsten Schritte sind der Beziehungsaufbau, die Stabilisierung, die Benennung und das Umgehen der Bewältigungs-Modi, das Entmachten des inneren Kritikers, das Erreichen der Kind-Modi und das Erfragen und Stillen der Grundbedürfnisse durch die Ressourcen des gesunden Erwachsenen.

Im gesamten Therapieprozess nimmt der Therapeut, die Therapeutin eine aktive Rolle zur Klärung der Patientinnen- und Patientenschemata und dem Aufbau neuer Lösungswege ein, so wie es liebevolle Eltern gegenüber ihren Kindern tun würden. Diese Haltung wird deshalb »limited reparenting«

genannt, auf Deutsch ungefähr »nachträgliche begrenzte elterliche Fürsorge«. Damit meint man eine offene und transparente Beziehungsgestaltung, in der sich der Therapeut, die Therapeutin authentisch verhält, sich aber auch abgrenzen kann. Dies mag einer der Gründe sein, weshalb Schematherapien für Therapeutinnen und Therapeuten (insbesondere mit Patientinnen und Patienten mit einer Borderline-Persönlichkeitsstörung) als vergleichsweise weniger anstrengend erlebt werden als andere Therapieformen. Schematherapeutinnen und -therapeuten geben manchmal sogar ihre E-Mail-Adresse oder ihre private Telefonnummer an Patientinnen und Patienten weiter, mit der aktiven Aufforderung, sich in Krisen zu melden. Dies, um in Phasen mit starker Schemaaktivierung dem verletzbaren Kind-Modus ausreichend Sicherheit zu geben.

Auch hier versucht die Therapeutin, der Therapeut Modell für den gesunden Erwachsenen zu sein, Modell für einen fürsorglichen Vater oder eine fürsorgliche Mutter, der oder die sich um den kindlich-bedürftigen Anteil bzw. Modus des Patienten, der Patientin kümmert. Dies ist jeweils nur in einem begrenzten Sinn und Rahmen möglich.

Anfangs ist, je nach Prägung des Patienten, der Patientin, oft sehr wenig vom gesunden Erwachsenen-Modus vorhanden, es muss viel von der Therapeutin, dem Therapeut »modelliert« werden, was zu einer gewissen Abhängigkeit zwischen der Patientin, dem Patient und der Therapeutin, dem Therapeut führen kann. Ziel ist es jedoch, den Patienten und Patientinnen im Verlauf der Schematherapie dazu anzuleiten, seine Grundbedürfnisse immer selbständiger wahrzunehmen, sie zu stillen und den gesunden Erwachsenen immer mehr zu stärken.

Empathisch konfrontieren hilft allen Beteiligten

Eine weitere wichtige therapeutische Methode stellt die empathische Konfrontation dar. Dabei setzt der Therapeut, die Therapeutin (analog zu liebevoll-konsequenten Eltern) in nachvollziehbarer und angemessener Weise Grenzen und trägt Forderungen an die Patientinnen und Patienten heran. Dies beinhaltet auch das Benennen eigener Grenzen auf Seiten des Therapeuten, der Therapeutin. Damit werden die überkompensierenden Bewältigungs-Modi wie z. B. der Angreifer-Modus auf selbstwertschonende, aber klare Art und Weise – eben empathisch – benannt. So würde man einem/einer, den Therapeuten, die Therapeutin entwertenden, verletzenden narzisstischen Patienten, Patientin beispielsweise sagen: »Ich sehe, dass Sie sich gerade in einem Selbstschutz-Modus befinden, in dem Sie mich entwerten. Ich glaube, dass Sie dies nicht bewusst und absichtlich machen, fühle mich aber dadurch von Ihnen abgelehnt und gedemütigt. Dies löst in mir den Impuls aus, Sie von mir zu stoßen. Das möchte ich aber nicht, weil Sie mir wichtig sind!« oder »Mir ist es wichtig herauszufinden, weshalb Sie gerade jetzt so heftig bewältigen müssen.« Eine Therapeutin, ein Therapeut kann vieles verstehen, muss aber nicht alles tolerieren.

Die empathische Konfrontation wird insbesondere bei der Therapie von narzisstischen Persönlichkeitsstörungen als zentrales Werkzeug eingesetzt, hat aber auch bei jeder anderen Störung ihre Berechtigung. Das empathische Konfrontieren wirkt sich für den Therapeuten, die Therapeutin ebenfalls Burnout-prophylaktisch aus.

Es ist wichtig, immer wieder die Balance zwischen begrenzter elterlicher Fürsorge im Sinne von Annahme und Unterstützung einerseits und empathischer Konfrontation durch maßvolle Grenzsetzungen und Forderungen andererseits zu finden.

Für das schematherapeutische Arbeiten ist – wie bei jeder anderen psychotherapeutischen Ausbildung auch – eine besondere Schulung und Qualifikation notwendig, wobei es für Therapeutinnen und Therapeuten wichtig ist, ihre eigenen Schemata zu kennen und in der therapeutischen Beziehung zu reflektieren. Deshalb ist schematherapeutische Selbsterfahrung ein wichtiger Teil der Fortbildung.

1.8 WERKZEUGE DER SCHEMATHERAPIE

Um die tiefen Lebenslügen zu bearbeiten, hat die Schematherapie verschiedene Möglichkeiten zur Verfügung. Nebst bekannten Techniken aus anderen Therapieformen (kognitive Therapie z. B. sokratischer Dialog; Verhaltenstherapie z. B. neues Verhalten trainieren; motivierende Gesprächsführung[13]) werden vor allem emotionsaktivierende Methoden angewandt.

Wie neurobiologisches Verständnis zur Veränderung verhilft

In der Schematherapie geht man davon aus, dass die frühe Prägung, in der die Schemata entstanden sind, überwiegend nonverbal, meist in der rechten Hirnhälfte (rechtshemisphärisch) im episodischen Gedächtnis abgespeichert ist. Dort sind auch Emotionen und Körperempfindungen – sozusagen die persönlichen »Lebensgeschichten-Filme« – aus vorsprachlicher Zeit abgespeichert. Auf dieser Basis entsteht nach Edelman[14] das Erleben der »erinnerten Gegenwart«, indem durch die unbewusste Verbindung mit früher gebildeten Assoziationen das aktuelle Erlebnis emotional bewertet wird, ohne dass dieser historische Zuordnungszusammenhang den Betroffenen bewusst ist. Dadurch ist die adäquate Einordnung in eine zeitliche Perspektive nicht möglich, die Betroffenen meinen, dass ihr Erleben ausschließlich durch die aktuelle Auslösesituation bedingt ist. Die Vergangenheit bricht sozusagen unbemerkt in die Gegenwart ein. Bei traumatisierten Personen besteht ein charakteristisches Symptom gerade darin, dass sie von Erinnerungen (Flashbacks) geplagt werden, die sie nicht als solche erkennen können. Dieses Einbrechen der Vergangenheit in die Gegenwart (»Filme« von traumatischen Erlebnissen) zeigt, dass das Vergangene nicht als »alt« erlebt wird.

Im Gegensatz zum episodischen Gedächtnis wird das semantische, verbale Gedächtnis, das in der linken Hirnhälfte liegt, etwa ab dem dritten Lebensjahr angelegt. Dort ist eine Abstrahierung möglich, kognitive Prozesse

13 Miller, William R. Stephen Rollnick, Georg Kremer. Motivierende Gesprächsführung: Ein Konzept zur Beratung von Menschen mit Suchtproblemen. Freiburg: Lambertus, 1999.

14 Edelman, Gerald M. Göttliche Luft, vernichtendes Feuer: Wie der Geist im Gehirn entsteht; Die revolutionäre Vision des Medizin-Nobelpreisträgers. München: Piper, 1995.

können auf dieses System Einfluss nehmen. Anders gesagt sind Prägungen aus unseren ersten drei Lebensjahren mit rein kognitiven Methoden nur wenig zugänglich, während später entstandene Schemata zumindest teilweise dadurch veränderbar sind.

In der Schematherapie geht man – wie auch in anderen psychodynamischen Theorien – davon aus, dass die ersten Lebensjahre von der Geburt bis zum Alter von etwa vier bis fünf Jahren die prägendsten sind. So wird die Grundlage für die spätere Stressreaktion durch das Verhalten der Mutter (oder primären Bezugsperson) in den ersten Lebensmonaten biologisch angelegt. Bis zur Mitte des zweiten Lebensjahres findet ein enormer neuronaler Aufbauprozess statt, der dann nutzungsabhängig um- und wieder abgebaut wird. Die Säuglinge bauen nur unter der spiegelnden Stimulation durch die Bezugspersonen die entsprechenden neuronalen Strukturen auf, die sie später brauchen, um andere Menschen zu »verstehen«. Eine verlässliche, konsistente »Bemutterung« ist die Grundlage einer sicheren Bindung. Je sicherer der Bindungsstil, desto weniger stark neigen wir zur emotionalen Überreaktion.

In der Psychotherapie kann für kürzere Momente eine ähnliche Beziehungsintensität geschaffen werden, wie sie in den frühen Beziehungserfahrungen bestanden hat. Dadurch sind diese frühen Erfahrungen teilweise veränderbar im Sinne einer korrigierenden emotionalen Erfahrung. Neuronale Regelkreise werden sozusagen im Gehirn neu gebahnt.

Um aber insbesondere die frühe Prägung im episodischen Gedächtnis modifizieren zu können, ist eine emotionale Aktivierung unumgänglich. In der Schematherapie wird deshalb auf verschiedene Weise versucht, emotionale Aktivierungen zu »nutzen«; dies geschieht in der therapeutischen Beziehung, wo Schemata möglicherweise direkt aktiviert werden, aber auch in gezielt emotionsaktivierenden Übungen[15]. Dabei stellen insbesondere die Imaginationsübung und der Stuhldialog zwei Methoden dar, welche in der Schematherapie sehr häufig und nutzenbringend angewandt werden.

15 Roediger, Eckhard. Praxis der Schematherapie: Lehrbuch zu Grundlagen, Modell und Anwendung. 2. Aufl. Stuttgart: Schattauer 2011.

Imaginationsübungen – die Kraft von inneren Bildern

Lass dich nicht vom Bösen überwinden,
sondern überwinde das Böse durch das Gute!
(Röm 12.21 SCHL)

Schutz vor bedrohlichen Erinnerungen:
Bedrohlich wirkte das Pochen an der knorrigen Holztür. Der Gedanke daran, dass der Mann die Tür sogleich mit Gewalt eintreten und meiner Patientin wehtun würde, ließ mir das Blut in den Adern gefrieren. Diesmal verhielt es sich jedoch anders; plötzlich hörte das Klopfen auf und es wurde angenehm ruhig. Wir sperrten den Täter in einen ausbruchsicheren Bunker ein; gefangen unter einer zwei Meter dicken Schicht Beton ging von ihm keine Gefahr mehr aus. Zudem kam der Vater der Patientin und kümmerte sich liebevoll um die verängstigte junge Frau. Und meine Patientin wurde freier. Die abgewandte Bedrohung in dem inneren Film und der erfahrene Trost veränderten diese traumatische Erinnerung auf eine Weise, dass sie nicht mehr so beklemmend wirkte. Dies ließ die Patientin aufatmen, der Druck auf ihrer Brust löste sich. Ausgegangen waren wir nicht von dem traumatischen Erlebnis, sondern von den an diesem Tag wiederum sehr beeinträchtigenden Paniksymptomen. Nachdem wir diese unangenehmen Emotionen und Körpergefühle zugelassen hatten und ich fragte, ob sie dieses Empfinden »von früher« kenne, tauchte die Szene von damals auf. Durch das Verändern dieser Erinnerung wurde nicht nur die damalige Situation weniger bedrohlich, sondern auch das aktuelle Erleben wurde besser. Die Anspannung löste sich, die Angst wich und der Film von früher verlor an Macht.

Bei Imaginationsübungen nutzt man die Kraft innerer Bilder, welche eine Brücke zwischen dem episodischen und dem semantischen Gedächtnis herzustellen vermögen. Imaginationsübungen sind gerade auch deshalb hilfreich, weil man damit oft sehr effizient die Bewältigungs-Modi und den inneren Kritiker umgehen kann. Man unterscheidet diagnostische von therapeutischen Imaginationsübungen.

In der Regel wird mit geschlossenen Augen eine gefühlsintensive Situation aus der Gegenwart (z. B. Partnerschaftskonflikt, Verlassenheitsgefühl, etc.) möglichst detailliert mit allen Sinnesqualitäten beschrieben, um diese Gefühle nochmals zu erleben und dann danach zu fragen, ob man diese aktuelle Gefühlsaktivierung einschließlich der dabei aufgetretenen Körpersymptome »von früher« kennt. Dabei sind in der Regel vor allem die Lebensjahre von vier bis sechs interessant. Eine Phase in der Kindheit, aus der Erlebnisse erinnert werden können, man aber noch von früher Prägung sprechen kann. Bei der bislang beschriebenen diagnostischen Übung ist es hilfreich zu sehen, welche frühen Erlebnisse mit den heute auftauchenden, teilweise heftigen Aktivierungen verbunden sind. Therapeutisch geht man anschließend dazu über, die Erinnerungen von damals zu modifizieren. Dabei geht es nicht darum, die Vergangenheit zu verändern oder eine möglichst exakte Abbildung der damaligen Ereignisse zu erhalten, sondern vielmehr das subjektive Erleben der Ereignisse zu verstehen und deren Einfluss auf das heutige Erleben zu modifizieren. Wir können nicht die Vergangenheit verändern, wohl aber den Einfluss, den gemachte Erfahrungen auf unseren heutigen Alltag haben.

Beim »imagery rescripting« (imaginatives Überschreiben) verändert man (mit geschlossenen Augen und »emotional erinnerter (Kindheits-) Szene«) die erlebte und beschriebene Geschichte so, dass die emotionale Aktivierung abnimmt. Dabei sind der Phantasie keine Grenzen gesetzt. Beispielsweise wird das wehrlose Kind vor dem betrunkenen Vater geschützt, indem man eine dicke Stahlwand zwischen Vater und Kind aufzieht oder den Vater von der Polizei abführen lässt. Darauf kommt der heutige gesunde Erwachsene (oder andere hilfreiche Personen oder Figuren, z. B. Jesus) in die Szene, tröstet das verängstigte Kind und bringt es in Sicherheit. Die Arbeit mit Imaginationsübungen kann für Therapeutin und Therapeut sowie Patientin und Patient herausfordernd sein, weil beim Erinnern der belastenden Szenen oft starke Gefühle ausgelöst werden und dafür auch – gerade bei geschlossenen Augen – eine gute Vertrauensbasis in der therapeutischen Beziehung Voraussetzung ist. Im klinischen Alltag zeigt sich jedoch immer wieder, wie scheinbar kleine Modifikationen in Imaginationsübungen das Erleben der Gegenwart entscheidend verändern können.

Stuhldialoge – hilfreiche Selbstgespräche

Der Stuhldialog stellt ebenfalls eine emotionsaktivierende Übung dar. Verschiedene beteiligte Modi werden auf Stühle gesetzt, um abwechselnd miteinander und mit dem Therapeut, der Therapeutin zu kommunizieren. Dabei kann der innere Kritiker-Modus begrenzt und oft auch im wahrsten Sinne des Wortes »vor die Türe gesetzt werden«. Der Kind-Modus kann sich zeigen und wird wahrgenommen, wertgeschätzt und getröstet, wobei dies anfangs oft vom Therapeuten, der Therapeutin modelliert wird und im Verlauf der Therapie immer mehr vom gesunden Erwachsenen-Modus des Patienten, der Patientin übernommen wird. Im Stuhldialog können auch aktuelle Konflikte und Ambivalenzen des Patienten, der Patientin »auf den Stuhl gesetzt« und in Beziehung zueinander gebracht werden. Ein Beispiel eines Stuhldialogs wird beschrieben auf Seite 80: Den Kritiker im Stuhldialog als Lügner entlarven.

Diese Übung dient oft auch dazu, die unterschiedlichen Modi bewusst zu machen und in konkreten Situationen auf den verschiedenen Ebenen anzuschauen, was für den jeweiligen Moment wichtig ist.

Auch der Stuhldialog stellt im klinischen Alltag eine sehr lebendige, spannende und kraftvolle Übung dar, welche großes Veränderungspotential beinhaltet.

Moduszirkel – Konfliktdynamik durchbrechen

Verletzte Menschen verletzen Menschen:
Die Luft war zum Schneiden. Beide Partner hatten soeben auf ihre individuelle Art einander derart heftig angegriffen, dass wir als anwesende Beratungspersonen ebenfalls kurz innehalten mussten, um unsere Gedanken zu ordnen. Solange meine Ehefrau und ich nur der jungen Frau zugehört hatten, war ein wenig vorteilhaftes Bild über den beschriebenen Mann geformt worden. Als dieser aber seine Perspektive darlegte, weitete sich die Kluft zwischen den beiden und es war herausfordernd, beide Varianten der gleichen Geschichte innerlich zu verbinden. So verletzt, so aggressiv, so vehement versuchten sich beide zu wehren und zu schützen und dabei noch hilflos ihr Bild, das sie nach außen von sich abgeben wollten, zu verteidigen. Als wir begannen, den dahinterliegenden Verletzungen und Ängsten auf die Spur zu kommen und die verzerrten Darstellungen und aggressiven Äußerungen den Selbstschutzstrategien zuzuordnen, konnte in uns, aber auch bei beiden Partnern mehr Verständnis dafür wachsen, was in den schwierigen Konfliktmomenten jeweils gerade bei beiden geschah. Ihre Ängste, verlassen zu werden und seine Befürchtung, nicht zu genügen, konnten gesehen und verstanden werden, das gegenseitige Einfühlungsvermögen begann zu wachsen.

Ein besonders griffiges Werkzeug zum Verstehen von zwischenmenschlichen Schwierigkeiten stellt der Moduszirkel dar, den insbesondere Eckhard Roediger[16] beschrieben hat. Dieser kann dazu dienen, Konflikte der Patientinnen und Patienten besser zu verstehen, aber auch die in der therapeutischen Beziehung ablaufenden Muster bewusster zu machen.

Auf eine gut nachvollziehbare Weise beschreibt der Moduszirkel, wie durch Schemaaktivierung und die daraufhin eingesetzten Bewältigungsstrategien zwischenmenschliche Konflikte entstehen und hilft, diese konstruktiv zu bewältigen. Mit diesem einfachen Instrument werden viele wiederkehrende Konflikte in Beziehungen, in der Ehe, aber auch Schwierigkeiten in der Beratung, Therapie oder Seelsorge verständlich und damit veränderbar.

16 Roediger, Eckhard, Anton-Rupert Laireiter. »Der schematherapeutische Moduszirkel in der verhaltenstherapeutischen Supervision.« Verhaltenstherapie 23.2 (2013): 91–99.

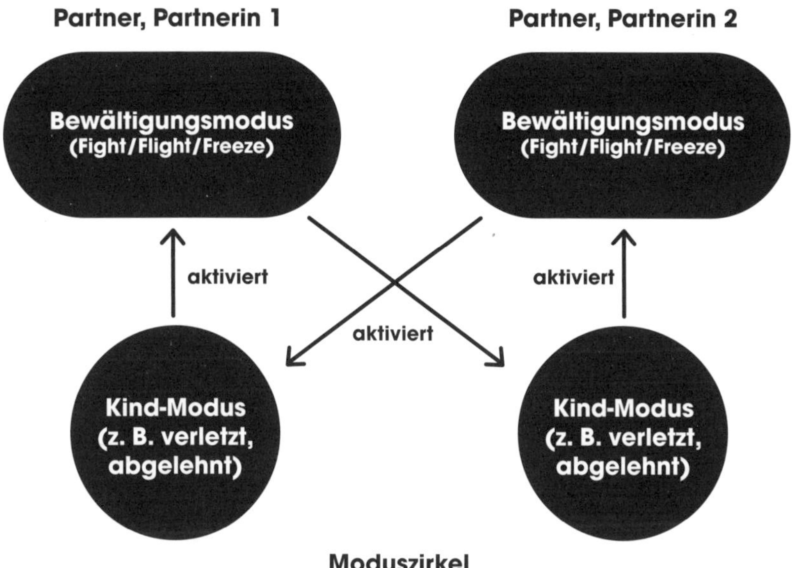

Moduszirkel

Eine austauschbare Auslösesituation (z. B. ein Partner kommt ein paar Minuten zu spät zur Verabredung) führt zur Aktivierung des Kind-Modus (z. B. Verlassenheitsschema mit Gefühlen von Ablehnung oder Einsamkeit) bei einem Partner, der darauf bewältigt, indem er den anderen Partner entweder kompensatorisch entwertet (»jetzt warte ich schon den ganzen Abend auf Dich, Du bist einfach total unzuverlässig!«) oder aber vermeidet, z. B. indem er sich zurückzieht. Diese Bewältigung führt beim anderen Partner ebenfalls zur Aktivierung eines Kind-Modus, worauf dieser wiederum bewältigt. Dieses »Spiel« kann sich unterschiedlich weiterentwickeln, oft eskaliert der Konflikt jedoch recht schnell bzw. ein Partner zieht sich zurück (Vermeidung), worauf die Interaktion ebenfalls unterbrochen wird.

Wenn durchschaut wird, dass bei diesen Interaktionen nicht nur die aktuelle Situation, sondern vor allem die Prägung mit früheren Verletzungen eine wichtige Rolle spielt, kann man in einem ruhigen Moment darüber ins Gespräch kommen und gemeinsam mögliche Lösungsansätze ausarbeiten. Grundsätzlich könnte eine gesunde Erwachsenenreaktion bedeuten, anzusprechen, was im Kind-Modus passiert und dies auf wertschätzende Weise verständlich auszudrücken (»Wenn ich auf Dich warten muss, fühle ich mich oft wie damals, als mein Vater von jetzt auf plötzlich unsere Familie verlassen hat und wir auf uns selbst gestellt waren. Ich fühle mich dann überfordert und abgelehnt, obwohl ich weiß, dass dies nicht Deine Absicht ist. Es würde mich aber beruhigen, wenn Du in einem ähnlichen Fall vielleicht kurz anrufst oder eine SMS schreibst, dass Du etwas später kommst.«).

Der Grundsatz, dass man in Beziehungen möglichst echt und respektvoll miteinander umgehen soll, wird im Buch »I choose us« von John und Karen Louis[17] wunderbar erläutert. Sie beschreiben, dass es in vertrauten Beziehungen darum geht, Verständnis und Empathie für das Erleben und Reagieren des Gegenübers zu entwickeln sowie gemeinsam Strategien zu erarbeiten, damit man nicht in den Teufelskreis des Moduszirkels gerät, sich darin aneinander aufreibt und Konflikte sich hochschaukeln können. Auch das vielen geläufige Modell der »Gewaltfreien Kommunikation« (nach Rosenberg) ist hilfreich für eine gesunde Konfliktbewältigung.

17 Louis, John P., Karen McDonald Louis. I Choose Us: a Christian Perspective on Building Love Connection in your Marriage by Breaking Harmful Cycles. Louis Counselling & Training Services Pte Ltd, 2010.

Arbeit im emotionalen Resonanzraum – Achtsamkeit und Schematherapie

Sich den Luxus der Beobachtung leisten:
Eine entspannte Atmosphäre macht sich breit. Aufmerksam achtet der Familienvater auf seinen Atem, wie die Naseninnenflügel beim Einatmen leicht abkühlen und sich beim Ausatmen wieder erwärmen. Jedes Ausatmen bringt ein Loslassen mit sich. Mit meiner Anleitung nimmt er in den nächsten Minuten ganz bewusst seine verschiedenen Körperregionen wahr – von Kopf bis Fuß. Seit Jahren leidet der Mittvierziger unter wiederkehrenden Depressionen als Folge einer von emotionaler Vernachlässigung und Überforderung geprägten Kindheit. Ich weise ihn nochmals sanft darauf hin, dass die heute ausgelösten Reaktionen verständlich sind, lade ihn aber ein, die Empfindungen liebevoll und achtsam wahrzunehmen. Er darf sich den Luxus leisten, diese Alarmreaktion achtsam zu beobachten, weil er im aktuellen Moment in Sicherheit ist. Beim Gedanken an eine Konfliktsituation vor wenigen Tagen stellen sich erwartungsgemäß Auswirkungen des Alarmsystems auf Körperebene ein. Schultern und Nacken verspannen sich, Hals und Unterkiefer spannen sich an und die Kehle fühlt sich an wie zugeschnürt. Der Druck nimmt auch im Brustbereich zu und eine Flut an sich drehenden grüblerischen Gedanken droht auf den Patienten hereinzubrechen. Er bemerkt emotional berührt, dass er eine Traurigkeit fühlt. Ich lade ihn erneut ein, die aktuellen Empfindungen bewusst wahrzunehmen, zuzulassen und liebevoll zu beobachten. Im Wissen, dass das Alarmsystem aktiviert ist, ihm aktuell jedoch keine Gefahr droht. Es gelingt ihm, die Aufmerksamkeit weiter auf die ablaufenden Körperreaktionen zu richten. Der innere Druck nimmt in der Folge zunächst weiter zu und breitet sich aus. Das liebevolle Wahrnehmen dieser Empfindungen führt dann jedoch zu einem Wechsel von kalter Anspannung zu angenehmer Wärme, die sich nun ebenfalls im Brustraum bemerkbar macht. In mehreren Wellen lassen sich im Weiteren die Ausläufer der Alarmreaktion beobachten und die Spannung nimmt langsam wieder ab. Dies ist für den Patienten ungewohnt, da wir nichts aktiv tun, um gegen diese Aktivierung zu kämpfen. Wir geben diesem Erleben noch eine Weile Raum. Darauf lade ich den Patienten ein, seine Aufmerksamkeit

langsam wieder in den Gesprächsraum zu richten und wenn er dazu bereit ist, seine Augen wieder zu öffnen.

Das Einzige, was wir zu fürchten haben,
ist die Furcht selbst.
(Michel de Montaigne)

Ängstlichkeit nimmt nicht dem Morgen seine Sorge,
aber dem Heute seine Kraft.
(Charles Haddon Spurgeon)

In der Welt haben wir Angst – eine Tatsache, die wir alle bestätigen können. Dass diese Angst oft unbegründet oder »veraltet« ist, wurde bei der Beschreibung von unserer Prägung sowie den daraus entstandenen Mustern deutlich. Zwei Psychotherapeuten aus Basel, Lukas Nissen und Michael Sturm, haben eine Erweiterung der Schematherapie gefunden, die zu vielversprechend und inspirierend ist, als dass ich sie dem geneigten Leser vorenthalten möchte – die »Arbeit im emotionalen Resonanzraum«[18].

Unser Alarmsystem ist angeboren und dient dazu unser Überleben zu sichern. Bei Gefahr wird dieses System aktiviert und führt über eine blitzschnell ablaufende komplexe Reaktion, unter anderem über die Amygdala, dazu, dass wir kämpfen, flüchten oder uns totstellen können. Bei einem äsenden Reh führt beispielsweise ein knackendes Holz dazu, dass der Kopf hochschiesst, um eine drohende Gefahr (z. B. einen Wolf) wahrnehmen und fliehen zu können. Mit der Aktivierung steigt unser innerer Erregungszustand (unser »Arousal«), der über die Sympathikusaktivierung Energie für Kampf oder Flucht bereitstellt. Je stärker wir aktiviert sind, desto eher laufen basale Reaktionsmuster ab und desto weniger sind wir in der Lage, vernünftig zu denken und zu handeln. Unsere Vernunft ist bei einer Aktivierung richtiggehend ausgeschaltet und unser Handlungsspielraum wird immer mehr eingeschränkt. Bei einer realen aktuellen Gefahr ist dieses

18 Nissen, Lukas, Sturm, Michael. »Schematherapeutische Strategien bei chronischer Emotionsvermeidung. Zum Konzept des ›Emotionalen Resonanzraumes‹«, Verhaltenstherapie & Verhaltensmedizin 35.3 (2014): 270–286.
Nissen, Lukas, Sturm, Michael. Emotionsvermeidung überwinden: Eine integrative Methode zur Regulierung des inneren Alarmsystems. Junfermann Verlag GmbH, 2018.

Alarmsystem lebenswichtig. Wenn wir instinktiv und bevor wir dies bewusst wahrnehmen aus einem brennenden Haus rennen, hat uns die Alarmreaktion möglicherweise das Leben gerettet.

Für ein kleines Kind stellen sich wiederholende bedrohliche Situationen sowie Ablehnungserfahrungen prägende Erlebnisse dar, die dieses Alarmsystem trainieren, sensibilisieren und anfachen. Später reagiert das System auf ähnliche Reize und Situationen, die dann nicht mehr unbedingt eine Lebensgefahr darstellen. So stellt die Ausgrenzung aus der Familie für ein kleines Kind eine reale Lebensgefahr dar, während wir als Erwachsene grundsätzlich überlebensfähig sind, auch wenn wir aus einer Gemeinschaft ausgeschlossen werden.

Die Aktivierung des Alarmsystems geht oft mit einer heftigen Sympathikus-Aktivierung einher. Dabei treten Körperreaktionen auf wie erhöhter Puls, Schwitzen, Zittern, Übelkeit und ähnliches.

Wenn wir durch eine Situation aktiviert werden, die eigentlich nicht lebensbedrohlich ist, können wir uns heute den Luxus leisten, den Ablauf der Alarmreaktion auf Körperebene wahrzunehmen, zuzulassen und liebevoll zu beobachten. Der heutige »Fehlalarm« kann als solcher identifiziert und auf Körperebene erlebt werden. Dadurch lösen wir uns von den automatischen Verkettungen, die uns nur weiter in Richtung Kämpfen, Flüchten oder Erstarren treiben und können erleben, dass die dabei ausgelösten Körperreaktionen zwar teilweise unangenehm, aber nicht gefährlich oder bedrohlich sind. Der Beobachtungsraum, in dem die auftretenden Empfindungen liebevoll wahrgenommen werden, wird »emotionaler Resonanzraum« genannt.

Kurz gefasst ermöglicht uns der emotionale Resonanzraum also eine Erhaltung unserer Handlungsfähigkeit: Je höher die Aktivierung des Alarmsystems, desto weniger Handlungsspielraum steht uns zur Verfügung. Durch unser »Bewältigen« wird das Alarmsystem weiter angetrieben. Durch das liebevolle Wahrnehmen der Alarmreaktion auf Körperebene kann die Aktivierung abnehmen und unser Handlungsspielraum weitet sich wieder.

Wenn diese liebevoll-achtsame Haltung geübt wird, kann die Aktivierbarkeit unseres Alarmsystems abnehmen. Und selbst wenn Reaktionen ausgelöst werden, können diese wahrgenommen und auf Körperebene erlebt werden, ohne dass wir ins Bewältigen gehen müssen. Für ein ängstliches Kind ist es hilfreich, wenn ein Elternteil seine Angst sieht, sie benennt und gemeinsam mit dem Kind aushält, bis es sich beruhigt. So nimmt man in der Arbeit im »emotionalen Resonanzraum« auf ähnliche Weise eine liebevoll zugewandte Haltung ein und stillt dadurch das Grundbedürfnis danach gesehen zu werden. Mehr dazu auch in oben zitiertem Artikel und dem Buch von Michael Sturm und Lukas Nissen, sowie unter 3.2 im Abschnitt »Das Alarmsystem ins Leere laufen lassen«.

1.9 WEITERFÜHRENDE ANWENDUNG UND LITERATUR

Im vorliegenden Werk kann ich nur begrenzt auf die verschiedenen zugrundeliegenden neurobiologischen Erkenntnisse, auf die Grundlagen der Schematherapie sowie deren therapeutische Methoden eingehen. Für eine weitere Vertiefung empfehle ich die in der Regel sehr ansprechend geschriebenen Sachbücher zur Schematherapie. Ein Buch, welches die Schematherapie vorstellt und auch Grundlage für diesen ersten Teil des vorliegenden Buches war, wurde von Eckhard Roediger geschrieben, einem bekannten Schematherapeuten und Autor im deutschsprachigen Raum. Das Buch trägt den Titel »Praxis der Schematherapie: Lehrbuch zu Grundlagen, Modell und Anwendung«[19]. Ebenfalls sehr spannend und für die praktische Arbeit wertvoll zu lesen ist das Buch von Gitta Jacob und Arnoud Arntz »Schematherapie in der Praxis«[20] sowie natürlich das Schematherapie-Grundlagenwerk von Jeffrey Young »Schematherapie. Ein praxisorientiertes Handbuch«[21].

Darüber hinaus gibt es für Patienten und Patientinnen geschriebene Selbsthilfebücher, die für die therapeutisch Tätigen als wertvoller Einblick wohl ebenso hilfreich sind wie für die Betroffenen. Hier gibt es wiederum von den oben genannten Autoren jeweils ein empfehlenswertes Selbsthilfebuch. Dabei geht Jeffrey Young in seinem Buch »Sein Leben

---

19 Roediger, Eckhard. Praxis der Schematherapie: Lehrbuch zu Grundlagen, Modell und Anwendung. 2. Aufl. Stuttgart: Schattauer 2011.
(neuste Auflage: Roediger, Eckhard, Valente Matias. Schematherapie: Kontextuell – prozessbasiert – interpersonal. Stuttgart: Schattauer, 2025.)

20 Jacob, Gitta, Arnoud Arntz. Schematherapie in der Praxis. Weinheim: Beltz, 2024.

21 Young, Jeffrey, Janet Klosko, Marjorie Weishaar. Schematherapie: Ein praxisorientiertes Handbuch. Paderborn: Junfermann, 2005.

neu erfinden«[22] insbesondere auf die konkreten Schemata und deren Auswirkungen ein, Gitta Jacob und Kollegen fokussieren in »Andere Wege gehen – Lebensmuster verstehen und verändern. Ein schematherapeutisches Selbsthilfebuch«[23] mehr auf die Modusarbeit, wo auch Eckhard Roediger in seinem systematisch aufgebauten Buch »Raus aus den Lebensfallen! Das Schematherapie-Patientenbuch«[24] den Schwerpunkt legt.

Ursprünglich von Jeffrey Young als Therapieform bei Erwachsenen mit Persönlichkeitsstörungen entwickelt, hat sich die Anwendung der Schematherapie nebst weiteren psychiatrischen Diagnosen wie Traumafolgestörungen, Zwangsstörungen, Angststörungen, Depressionen, Essstörungen, ADHS und psychotischen Störungen auch auf andere Berufsfelder ausgeweitet. So wird die Schematherapie inzwischen erfolgreich im Bereich der Kinder- und Jugendpsychiatrie angewandt. Dort kann man viel näher am Zeitpunkt der Schema-Entstehung arbeiten, weil die Patient:innen noch jünger sind. Wenn es gelingt, bereits da die ungestillten Grundbedürfnisse wahrzunehmen und konstruktive Bewältigungsstrategien zu erlernen, ist die Aussicht auf nachhaltige Veränderung größer. Nebst den Psychotherapeutinnen und -therapeuten haben aber auch Sozialpädagoginnen und -pädagogen in der Schematherapie eine wertvolle Ergänzung für ihren Arbeitsbereich gefunden. Marcus Damm hat dazu in den letzten Jahren in Deutschland viel erarbeitet, publiziert und eine Weiterbildung für Schemapädagogik konzipiert. Madeleine Rytz hat in der Schweiz die Fachstelle für Schemapädagogik gegründet und bietet eine entsprechende Ausbildung an. Die Ausbildung in Schemapädagogik kann man auch als Onlinekurs absolvieren. Weitere Informationen finden Sie unter www.MadeleineRytz.ch.

Gemeinsam mit Madeleine Rytz-Hofer und Anna Schmiedel habe ich Schemaseelsorge-Seminare entwickelt, um das Schemamodell auch in der Beratung nutzen zu können.

Es gibt auch Weiterbildungen und Bücher zu Schemacoaching, wo in der Beratung von »gesunden Erwachsenen« ebenfalls das Schemamodell als

22 Young, Jeffrey E., Janet S. Klosko. Sein Leben neu erfinden. Paderborn: Junfermann, 2006.

23 Jacob, Gitta, Hannie van Genderen, Laura Seebauer. Andere Wege gehen: Lebensmuster verstehen und verändern – ein schematherapeutisches Selbsthilfebuch. Mit Online-Material. Beltz, 2017.

24 Roediger, Eckhard. Raus aus den Lebensfallen: Das Schematherapie-Begleitbuch. Junfermann Verlag GmbH, 2023.

Ausgangspunkt gewählt wird. Aus christlicher Sicht besonders spannend sind die Bücher von John und Karen Louis, welche als ausgebildete Therapeuten (John wurde von Jeffrey Young selbst in Schematherapie ausgebildet, Karen hat eine Ausbildung in Lösungsorientierter Therapie) sowie als Gründer und Leiter der Central Christian Church in Singapur arbeiten und sich seit vielen Jahren in Erziehungs- und Ehearbeit investieren. Sie haben sowohl über Ehe als auch über Erziehung geschrieben, wobei sie auf eine sehr schöne Weise die Schematherapie, den christlichen Glauben, wissenschaftliche Erkenntnisse sowie ihren eigenen reichen Erfahrungsschatz in beiden Themenbereichen miteinander verbinden. Die Bücher heißen »I choose us«[25] (Ehebuch) und »Good enough parenting«[26] (Erziehungsbuch) und haben den einzigen Nachteil, dass sie noch nicht auf Deutsch übersetzt sind.

Zudem ist ein Buch über die Anwendung der Schematherapie bei Paaren erschienen, das ebenfalls immer wieder einen Bezug zum christlichen Kontext herstellt: »Paare in der Schematherapie«.[27] Weitere Bücher, welche Schematherapie und den christlichen Glauben integrativ verknüpfen, sind von John J. Cecero, »Praying through our lifetraps – a psycho-spiritual path to freedom«[28] mit Fokus auf die Lectio Divina und von Joseph R. Novello, »The myth of more and other lifetraps that sabotage the happiness you deserve«[29], in dem die Schemata in den breiteren Kontext eines persönlichen, psychischen und geistlichen Wachstums und Weges eingeflochten werden.

Bruce Stevens hat zusammen mit Maureen Miner Bridges ebenfalls ein Schematherapie-Buch für Christen geschrieben: »Free to love:

25 Louis, John P., Karen McDonald Louis. I Choose Us: a Christian perspective on building love connection in your marriage by breaking harmful cycles. Louis Counselling & Training Services Pte Ltd, 2010.

26 Louis, John P., Karen McDonald Louis. Good Enough Parenting: A Christian Perspective on meeting core emotional needs and avoiding exasperation. Louis Counselling & Training Services Pte Ltd, 2013.

27 Roediger, Eckhard, Chiara Simeone-DiFrancesco, Bruce A. Stevens. Paare in der Schematherapie: Von der Einbeziehung des Partners bis zur Paartherapie. mit E-Book Inside. Weinheim: Beltz, 2015.

28 Cecero, John J., Jeffrey E. Young. Praying Through Our Lifetraps: A Psycho-spiritual Path to Freedom. Resurrection Press, 2002.

29 Novello, Joseph R. The myth of more: and other lifetraps that sabotage the happiness you deserve. Paulist Press, 2001.

schema therapy for christians«[30]. Das Ziel in diesem ersten Teil war es, die Schematheorie in ihren Grundzügen verständlich darzulegen und beim ambitionierten Leser Interesse zu wecken für das Studium weiterführender Literatur.

30 Stevens, Bruce A., and Maureen Miner Bridges. Free to love: schema therapy for Christians. Nova Science Publishers, 2017.

Teil 2: Schematherapie und christlicher Glaube

Das Ziel in diesem zweiten Teil des Buches ist es, verschiedenen Fragen nachzugehen, die sich rund um Glauben und Psychotherapie immer wieder unweigerlich stellen; was ist Wahrheit, wovon sind wir geprägt, wie können wir biblische Begriffe wie Liebe, Gesetz, Sünde oder Selbstsucht verstehen? Wie können wir Vergebung, Versöhnung und Nächstenliebe einordnen?

Jesus spricht zu ihm: Ich bin der Weg und die Wahrheit und das Leben; niemand kommt zum Vater als nur durch mich!
(Joh 14,6 SCHL)

Je länger ich mich mit dem Glauben und der Psychotherapie befasse, desto bewusster wird mir, dass es letztlich nicht um DIE einzig richtige Theorie, Theologie oder Sichtweise geht, sondern primär um eine Beziehung – zwischen unserem himmlischen Vater und Schöpfer und uns Menschen, seinen Kindern. Ich möchte auch nicht den Anschein erwecken, dass meine Sichtweise die einzig richtige sei. Die Wahrheit, die wir suchen, ist ja letztlich eine Person – Jesus Christus. Es geht also um eine lebendige Beziehung zu Jesus Christus, nicht um eine »tote« Theorie.

Über allem steht die Liebe des Vaters, der eine lebendige Beziehung zu uns Menschen sucht und uns als seine Kinder bedingungslos annimmt und liebt. Ein Gott, der sich in Jesus Christus als Mensch auf der Erde gezeigt hat, der seine unendliche Liebe zu uns Menschen im stellvertretenden Opfer Jesu am Kreuz sichtbar gemacht hat und so eine lebendige Beziehung auch heute – hier und jetzt – ermöglicht hat. Ein Vater, der uns die Wahrheit wissen lassen möchte, die uns frei macht. Ein Gott, der allen unseren Mangel ausfüllen und unsere Bedürfnisse stillen möchte.

Mein Besitz und mein Erbe ist der Herr selbst.
Ja, du teilst mir zu, was ich brauche!
(Ps 16,5 NGÜ)

Mein Gott aber wird allen euren Mangel ausfüllen nach seinem Reichtum in Herrlichkeit in Christus Jesus.
(Phil 4,19 SCHL)

Im Herzen eines jeden Menschen befindet sich ein von Gott geschaffenes Vakuum, das durch nichts Erschaffenes erfüllt werden kann als allein durch Gott, den Schöpfer, so wie er sich in Christus offenbart.
(Blaise Pascal)

Mit der Grundüberzeugung, dass Gott uns und unsere Grundbedürfnisse nicht nur kennt, sondern auch gemacht hat und selbst die Antwort darauf ist, möchte ich im Folgenden mögliche biblischen Parallelen zur Modusarbeit beschreiben.

2.1 MODUSARBEIT MIT DER BIBEL

Die Modusarbeit ist das Herzstück der Schematherapie. Sie stellt die Grundlage dar für ein bewusstes Verständnis von auftretenden Konflikten, Emotionen und Bewältigungsstrategien und ist auch Ausgangslage für die emotionsaktivierenden Übungen. Für Christen, die mit der Schematherapie arbeiten, ergeben sich oft sogleich einige interessante Parallelen zum biblischen Verständnis. Vielen verhilft das Modusmodell sogar dazu, die Beziehung zu Gott und biblische Wahrheiten nochmals vertieft zu verstehen und zu erleben.

Im Folgenden erläutere ich deshalb, wie biblische Inhalte in das schematherapeutische Modus-Modell einfließen können. Zur Erinnerung: In dem Modus-Modell gehen wir von den Kind-Modi (verletzbar, wütend, undiszipliniert und glücklich), den Bewältigungs-Modi (Erdulden, Vermeiden oder Kämpfen), den inneren Kritikern (strafend oder fordernd) und dem gesunden Erwachsenen-Modus aus.

Es geht darum, den gesunden Erwachsenen zu stärken, die Kind-Modi zu trösten und in ihren Grundbedürfnissen zu versorgen, die inneren Kritiker zu begrenzen und zu entkräften, wodurch die Bewältigungs-Modi insgesamt weniger »nötig« und schwächer werden.

Mit dem biblischen Verständnis können wir aber nicht nur die beschriebenen Modi mit ihren Interaktionen untereinander nachvollziehen, sondern haben darüber hinaus eine wichtige Dimension mehr – die Beziehung zu Gott. Ich glaube, dass die Bibel uns für jeden Modus zeigt, wie Gott auf heilsame Weise mit uns in Beziehung treten möchte und uns damit zu mehr Beziehungsfähigkeit und Freiheit verhilft. Gott befähigt den gesunden Erwachsenen, tröstet und versorgt die Kind-Modi, begrenzt und entmachtet die inneren Kritiker und hilft uns die alten Bewältigungsstrategien als nicht hilfreiche Selbstschutzmechanismen zu identifizieren und gesunde Bewältigungsformen zu trainieren, so dass wir geistlich und persönlich wachsen.

Die weiteren Ausführungen, auch in Teil 3 dieses Buches, beziehen sich immer wieder auf dieses um die göttliche Dimension erweiterte Modusmodell, welches in der folgenden Grafik abgebildet ist.

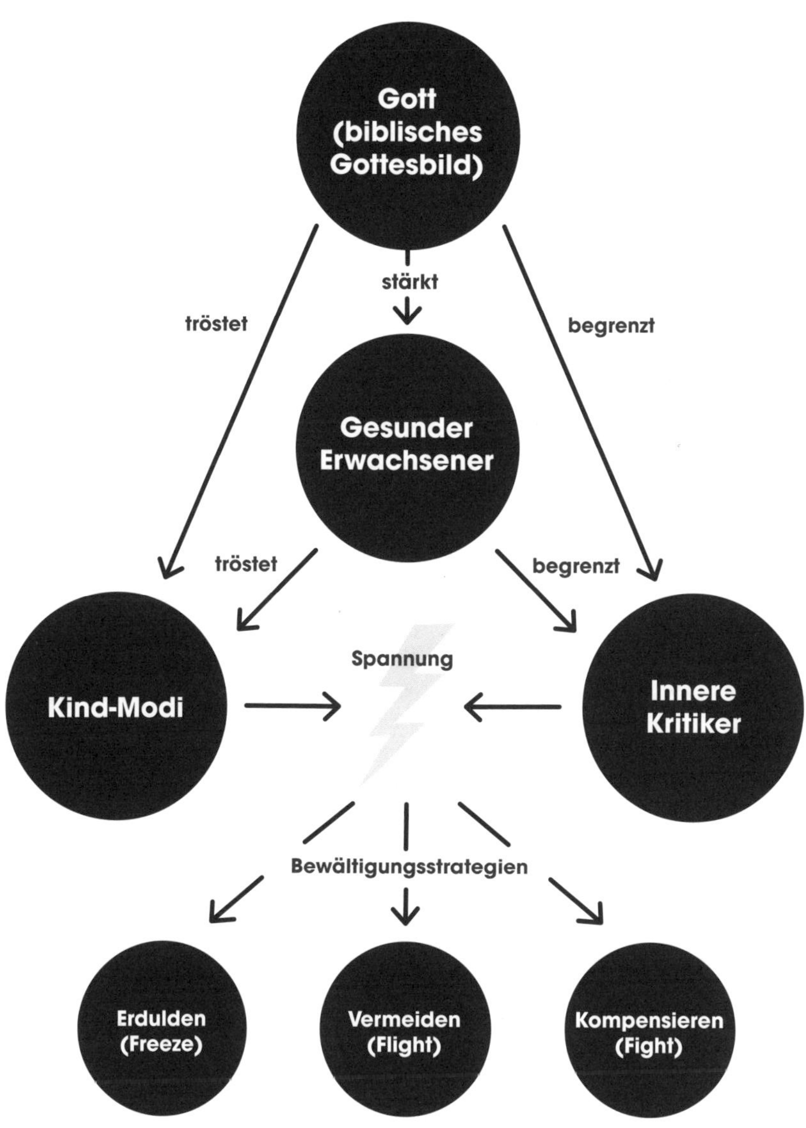

**Modusmodell
erweitert um die göttliche Dimension**

Kind-Modi – Werdet wie die Kinder

Mehr als alles andere behüte dein Herz;
denn von ihm geht das Leben aus.
(Spr 4,23 SCHL)

Jesus sagt: *»Lasset die Kinder zu mir kommen und wehret ihnen nicht, denn solchen gehört das Reich Gottes« (Lk 18,16 LUT) und »ich sage Euch: Wenn ihr nicht umkehrt und werdet wie die Kinder, so werdet ihr nicht in das Reich der Himmel kommen!« (Mt 18,3 SCHL).*

In der Therapie geht es darum, Zugang zu dem kindlich-bedürftigen Teil zu erlangen, die Gefühle wahrzunehmen, anzuerkennen und die Bedürfnisse mit der Haltung der Nachbeelterung nach Möglichkeit zu stillen.

Die Bibel beschreibt uns Gott immer wieder als Vater – manchmal auch als Mutter –, der uns bedingungslos liebt und annimmt. Auch das Lehren der Nachfolge wird oft als »geistliche Elternschaft« beschrieben. Paulus schreibt in seinen Briefen immer wieder an seine »Kinder im Glauben«, um die er so sehr ringt. Gott ist der beste Vater, den es gibt und er wünscht sich nichts mehr, als dass wir als seine Kinder zu ihm kommen und uns von ihm lieben, versorgen und trösten lassen. Er stillt alle unsere Grundbedürfnisse, er tröstet uns und er kann auch mit all unseren unangenehmen Emotionen umgehen. So sehen wir in der Bibel an vielen Stellen, z. B. in den Psalmen, wie Menschen mit ihrem Schmerz, ihren Enttäuschungen, mit Wut, Trauer und ihren ungelösten Fragen direkt und echt zum Vater kommen. So bringt David in der Bibel immer wieder seine Klagen ganz authentisch vor Gott.

Wie lange, o Herr, willst Du mich ganz verlassen,
wie lange verbirgst Du Dein Angesicht vor mir?
(Ps 13,2 SCHL)

Der himmlische Vater hält diese unangenehmen Emotionen aus, ja, oft lässt sich in den Psalmen nach dem Ausdruck dieser Gefühle eine Veränderung der Stimmung sehen. Manchmal steht am Schluss etwas Dankbares oder

Tröstliches, zum Beispiel »Halleluja, gepriesen sei der Herr«. Es gibt aber auch Psalmen, wo die Klage bis zum Schluss bestehen bleibt. Es gibt keine allgemeingültige Regel. Doch es zeigt uns, dass wir in der Beziehung zum Vater echt, ehrlich, verletzlich und angenommen sein dürfen.

Wenn wir als Therapeuten und Therapeutinnen, Seelsorger und Seelsorgerinnen, Begleiter und Begleiterinnen oder Freunde und Freundinnen mit dem Kind-Modus unseres Gegenübers in Kontakt kommen können und die Vaterliebe Gottes weitergeben dürfen, kann Heilung geschehen, können Schemata geschwächt und der kindlich-bedürftige Anteil versorgt werden. Die Bewältigungsstrategien, die Masken werden weniger wichtig, wenn man auch dann angenommen ist, wenn man seine unangenehmen Gefühle authentisch zeigt. Echt zu sein bedeutet in dem Zusammenhang, dass wir als Erwachsene im Kontakt sind mit unseren verletzlichen Anteilen, mit unseren Gefühlen und Bedürfnissen und diese zulassen und äußern dürfen. Mit anderen Worten: Wenn die verletzten und wütenden Kind-Modi vom gesunden Erwachsenen-Modus liebevoll wahrgenommen, ernstgenommen und nach außen verbalisiert werden können. Wir können uns nur dann echt angenommen fühlen, wenn wir echt sind. Solange wir uns hinter Bewältigungsstrategien verstecken, wird diese Annahme nicht erlebbar. Deshalb fordert uns Jesus auf, so zu werden wie die Kinder. Denn dadurch erleben wir die Herrlichkeit des Himmelreichs, die Schönheit der Geschwisterliebe.

An eurer Liebe zueinander werden alle erkennen,
dass ihr meine Jünger seid.
(Joh 13,35 NGÜ)

Wir dürfen untereinander Geschwister sein, die es ermöglichen, zulassen und suchen, dass unser Gegenüber echt sein darf und sich wirklich angenommen fühlen kann. So in Beziehung miteinander zu sein, ist etwas sehr Kostbares.

Wenn sich jemand verletzlich zeigt (wenn sein gesunder Erwachsener-Modus im Kontakt mit dem jeweiligen Kind-Modus ist und keine Bewältigungsstrategie anwenden muss), geht uns in der Regel das Herz auf und wir geben die Liebe Gottes, die wir selbst erfahren haben, gerne und manchmal fast mühelos weiter. Gottes Liebe ist wie ein Strom. Das Erstaunliche daran ist, dass diese Liebe immer wieder erfrischend neu ist, wenn sie an andere weitergegeben wird.

Deshalb nehmt einander auf, wie auch der Christus
euch aufgenommen hat, zu Gottes Herrlichkeit!
(Röm 15,7 ELB)

Rachepsalmen - dem Ärger Luft machen

Die Bibel ist nicht immer leichte Kost. Es gibt viele Aussagen, die zusammen ein ganzes Bild ergeben, aber untereinander nicht immer so mühelos vereinbar sind.

Die Psalmen, insbesondere die Klage-, aber noch mehr die Rachepsalmen gehören aus meiner Sicht zu dieser Kategorie der teilweise schwer verdaulichen Sorte. Die Klagepsalmen können uns mit ihrem Beispiel vielleicht noch ermutigen, selbst auch unsere Fragen, unseren Ärger und unseren Frust zum Vater zu bringen und dabei manchmal auch eine Erleichterung, eine Begegnung mit Gott zu finden und neue Hoffnung zu schöpfen. Wenn wir aber die Rachepsalmen lesen, sehen wir uns mit teilweise sehr grausamen und gewalttätigen Bildern und Wünschen an die »Feinde« konfrontiert. Im neuen Testament lesen wir zwar, dass unser Kampf sich nicht gegen Fleisch und Blut richtet, aber beispielsweise aus dem Leben von David wissen wir sehr wohl, dass diese Feinde auch im richtigen Leben real existiert haben.

Aus der Schematherapie wissen wir, dass es für Kinder gut ist, ihrer Wut und ihrem Ärger Luft verschaffen zu dürfen. Man nennt dies auch »Ärger ventilieren«. Dabei lässt man den berechtigten Ärger zu und geht auf das zugrundeliegende Bedürfnis ein. Die Rachepsalmen scheinen damit große Ähnlichkeit zu haben. David darf mit seinen ganzen echten Emotionen zu Gott gehen, wo er angenommen ist und Beruhigung erfahren darf. Wenn David im Gespräch mit Gott seinen Feinden wünscht, dass ihre Kinder am Felsen zerschmettert werden (Ps 137,9), übt er diese Gewalttat nicht real aus, bringt aber sein Inneres zu Gott und drückt echt aus, zu was die Wut, die Angst und die Enttäuschung ihn innerlich führen.

Ob dieser Vergleich zulässig ist oder nicht, sei dahingestellt. Auf jeden Fall ist es sicherlich besser, auch im Kontakt mit Gott diesen sehr starken, unangenehmen Gefühlen Raum zu geben und sie zu ihm zu bringen. Wenn wir die Wut unterdrücken, das Gefühl haben, wir müssten gegenüber Gott immer nett und höflich sein und dürften nicht sagen, wie es uns wirklich geht, wird die Verletzung mehr Raum haben, sich auf destruktive Weise in unserem Leben zu entfalten. Durch das Ventilieren des Ärgers lässt man jedoch auf nicht schädliche Weise »Dampf ab« und kann wieder zur Ruhe kommen.

Kritiker-Modi – den Kritiker begrenzen

Unterstützung im Kampf – Gottes Wahrheit ist stärker

Mit einem Ausdruck im Gesicht, der eine Mischung aus Wut, Neugier und Verwunderung zeigte, schaute mich die junge Frau mit der kurz zuvor noch versteinerten Miene nun fragend an. Wir waren soeben am Kern dessen angelangt, was sie daran hinderte, von ihren schweren destruktiven Bewältigungsstrategien frei zu werden. Seit Jahren war sie gefangen in einer Sucht, die ihren Selbstwert stabilisieren sollte, ihn aber stattdessen immer weiter demontierte. Auf mein Nachfragen war es aus ihr herausgebrochen – in der hasserfüllten Stimme des inneren Kritikers beschimpfte sie das verletzte Kind: »Sie hat es nicht verdient, befreit zu werden. Sie ist es nicht wert!« Nach vielen Stunden Therapie hatte ich die Patientin, insbesondere aber diesen verletzlichen kindlich-bedürftigen Teil, in mein Herz geschlossen. Umso heftiger trafen auch mich ihre Worte, die sie so vehement gegen sich selbst richtete. Dies teilte ich ihr in der Folge mit – so ehrlich, offen und konfrontativ, wie ich konnte. Ich wollte dieser destruktiven Stimme Grenzen setzen, ich wollte diesen zerstörerischen Lügen entgegentreten. Und meine Worte zeigten eine gewisse Wirkung – ein Innehalten war spürbar. Aber die Ketten dieser Kritikeraussagen wogen so schwer, dass mit Worten allein wenig auszurichten war.

Ich fragte, ob es für sie in Ordnung wäre, wenn ich für sie beten würde. Sie stimmte zu. Mit dem Wissen aus früheren Sitzungen, dass selbst in ausweglosen und verfahrenen Therapiesituationen Gebete von der Patientin als hilfreich erlebt worden waren, begann ich nach einem längeren Moment des Schweigens zu beten. Ein Gebet, in dem ich mich wie in einem Kampf fühlte. Ein Kampf gegen die Lügen, das Gefängnis, die Schemata. Ich betete frei und ausführlich, dass die Lügen im Namen Jesu gebrochen werden und dass die Liebe Gottes zum Herz meiner Patientin durchdringen solle. Nach dem Ende der Sitzung fühlte ich mich abgekämpft. Die nächsten Tage waren aber allen Einsatz wert. Meiner Patientin gelangen Schritte, die zuvor undenkbar gewesen wären. Das Gefängnis der Lüge war aufgebrochen und heilsame Wahrheiten konnten den Weg zu ihrem Herz finden. Und in all dem nahm sie ihre Sehnsucht nach Gott ganz deutlich wahr, sie erlebte Gottes Gegenwart und sein konkretes Wirken in ihrem tiefsten Herzen. Ein Etappensieg, den ich allein nicht errungen hätte, der aber mit dem Wirken Gottes, mit seiner Wahrheit und seiner Gegenwart möglich geworden war.

Lieber das bekannte Unglück als ein unbekanntes Glück?

In der Schematherapie werden die strafenden und fordernden Stimmen in unserem Kopf identifiziert, konfrontiert und entkräftet. Viele Menschen dürfen zum ersten Mal wahrnehmen, dass die negativen Aussagen über sich selbst und andere gar nicht der Wahrheit entsprechen, nicht dem »gesunden Erwachsenen« entspringen, sondern dem inneren Kritiker.

Manchmal ist es hilfreich, wenn das Erdulden der Kritiker-Stimme auch als eine Art Bewältigungsstrategie erkannt wird, welche uns in der Beziehung zu uns selbst und andern hemmt. Oft ist es für uns einfacher, eine vertraute Lüge zu glauben mit allen negativen Konsequenzen, anstatt Neues zu wagen und Verantwortung für uns selbst zu übernehmen. Unbewusst stellen die Aussagen des inneren Kritikers eine trügerische Ausrede für uns dar, welche verhindert, dass wir von unseren Schemata befreit werden können. Das Glauben und Erdulden dieser Lügen kann dabei eine gleich zerstörerische Wirkung haben, wie wenn wir ihnen durch Flucht oder Kampf zu entrinnen versuchen.

Es gibt sogar Schematherapeutinnen und -therapeuten (z. B. Nissen/ Sturm[31]), die die Kritikerstimmen vollständig in die Bewältigungs-Modi

31 Nissen, Lukas, Sturm, Michael. »Schematherapeutische Strategien bei chronischer Emotionsvermeidung. Zum Konzept des ›Emotionalen Resonanzraumes‹«, Verhaltenstherapie & Verhaltensmedizin 35.3 (2014): 270–286.
Nissen, Lukas, Sturm, Michael. Emotionsvermeidung überwinden: Eine integrative Methode zur Regulierung des inneren Alarmsystems. Junfermann Verlag GmbH, 2018.

einordnen und dazu anregen, die negativen Emotionen vermehrt zu erleben und dadurch eine natürliche Gefühlsregulierung zu erreichen. So wie Eltern auf ein emotional aufgewühltes Kind eingehen und mit ihm diese Gefühle aushalten, bis sie wieder abklingen, werden auch noch so starke unangenehme Emotionen wieder abklingen, wenn wir sie zulassen und nicht vor ihnen flüchten. Dass dies so funktioniert, ist schnell gesagt, bis wir dies jedoch wagen, braucht es oft einiges an Vertrauen und Mut.

Ob wir die Lügen mit Gottes Hilfe brechen und begrenzen oder ob wir sie als hinderliche Bewältigungsstrategien identifizieren, die losgelassen werden müssen, ist von Fall zu Fall und manchmal auch von Situation zu Situation zu entscheiden.

Jesus begrenzt die Pharisäer

Wenn wir in der Bibel über das Leben Jesu lesen, sehen wir über weite Strecken einen gütigen, liebevollen und barmherzigen Sohn Gottes, der den Menschen auf unterschiedlichste Weise heilsam begegnet. Dort jedoch, wo Systeme bestehen, die Menschen unter Druck setzen, Systeme, die Beziehung durch Leistung lehren, die eine fordernde und strafende Last auf die Menschen legen, gebraucht Jesus scharfe Worte.

Wenn Glaube gesetzlich wird, haben wir das Gefühl, dass wir mit unserer Leistung, mit dem, was wir Gott bringen können, mehr Liebe, Gnade und Heil erreichen können. Dies mag eine selbstwertstabilisierende Wirkung haben, indem es uns das Gefühl gibt, wir seien wertvoller, wenn wir »besser« glauben, mehr in der Bibel lesen, fleißiger beten oder regelmäßiger in den Gottesdienst gehen. Aber Jesus selbst stellt sich den Verfechtern dieser Sichtweise, den Pharisäern, mit einer klaren und kritischen Haltung entgegen.

Im Matthäusevangelium sagt Jesus zum Beispiel:

Wenn ihr aber wüsstet, was das heißt: »Ich will Barmherzigkeit und nicht Opfer«, so hättet ihr nicht die Unschuldigen verurteilt. (Mt 12,7 SCHL)

Sie (die Schriftgelehrten und Pharisäer) binden nämlich schwere und kaum erträgliche Bürden und legen sie den Menschen auf die Schultern; sie aber wollen sie nicht mit einem Finger anrühren. Alle ihre Werke tun sie aber, um von den Leuten gesehen zu werden.
(Mt 23,4–5 SCHL)

Aber wehe euch, ihr Schriftgelehrten und Pharisäer, ihr Heuchler, dass ihr das Reich der Himmel vor den Menschen zuschließt! Ihr selbst geht nicht hinein, und die hinein wollen, die lasst ihr nicht hinein. Wehe euch, ihr Schriftgelehrten und Pharisäer, ihr Heuchler, dass ihr die Häuser der Witwen fresst und zum Schein lange betet. Darum werdet ihr ein schwereres Gericht empfangen!
(Mt 23,13–14 SCHL)

Im Kapitel 23 des Matthäus-Evangeliums konfrontiert Jesus ausführlich die scheinheilige, selbstgerechte und verurteilende Haltung der Pharisäer. Und dies mit einer Härte und Klarheit, die erstaunt. Wenn man aber bedenkt, wie sehr die gesetzliche Lehre sich auf die biblische Wahrheit beruft, in ihrer Konsequenz und Forderung aber die Aussage der Liebe als wichtigstes Gesetz ins Gegenteil kehrt, versteht man den Unmut von Jesus. Und mit der gleichen Klarheit dürfen auch wir die strafenden und fordernden, die knechtenden Stimmen in den Köpfen von uns und unseren Gegenübern in Frage stellen, konfrontieren, entmachten und begrenzen. Wenn Paulus von Gedankengebäuden, von Festungen spricht, die sich gegen die Wahrheit Gottes erheben und die wir mit geistigen Waffen auch bekämpfen können und müssen, dann dürfen wir uns auch aktiv gegen diese fordernden und strafenden inneren Kritiker stellen.

Denn obwohl wir im Fleisch wandeln, kämpfen wir nicht nach dem Fleisch; denn die Waffen unseres Kampfes sind nicht fleischlich, sondern mächtig für Gott zur Zerstörung von Festungen; so zerstören wir überspitzte Gedankengebäude und jede Höhe, die sich gegen die Erkenntnis Gottes erhebt, und nehmen jeden Gedanken gefangen unter den Gehorsam Christi.
(2. Kor 10,3–5 ELB)

Wir dürfen durchaus mit scharfen »Waffen« gegen diese Denksysteme, gegen diese inneren Kritiker (die sich nicht nur gegen uns selbst, sondern auch gegen andere richten), angehen, da sie viel unnötigen Schaden anrichten. Und der »brüllende Löwe«, der sucht, wen er verschlingen kann, der »Fürst dieser Welt«, mag solche Gedankengebäude aufrechterhalten wollen, dies ist jedoch nicht die Stimme des Heiligen Geistes, der uns liebevoll-ermahnend auf den Weg zum Vater, zur Liebe, zum Leben geleitet.

So gibt es nun keine Verdammnis für die, die in Christus Jesus sind.
(Röm 8,1 LUT)

Es ist leider erfahrungsgemäß ein häufiges Problem, dass bei entsprechender Prägung und starken inneren Kritikern auch biblische Worte in den strafenden Kritiker-Modus »eingebaut« werden. Darauf verfestigt sich ein strafendes und Leistung forderndes Gottesbild in unseren Köpfen, welches bei genauerem Hinsehen keiner biblischen Prüfung eines Gottes, der sich in Jesus Christus offenbart hat, standhält. In selbstaufopfernder Liebe hat sich der Sohn Gottes für seine Kinder hingegeben, um die Beziehung zum Vater wieder zu ermöglichen.

Wenn er (Satan) lügt, redet er so, wie es seinem ureigensten Wesen entspricht; denn er ist ein Lügner, ja er ist der Vater der Lüge.
(Joh 8,44b NGÜ)

Die Lügen des Kritikers nehmen manchmal tatsächlich »dämonische« Ausmaße an, so dass man sich damit schnell überfordert fühlen kann. »Satan« ist der Urheber der Lügen, die wir glauben und die uns prägen. Gottes Wahrheit hingegen will und kann uns frei machen. Ob es nun innere Stimmen sind, die uns kritisieren und knechten oder ob es ein »Geist der Lüge« ist; richtig und wichtig ist, dass wir uns mit dem Gürtel der Wahrheit wappnen und uns entschieden gegen diese Unwahrheiten stellen. Manchmal hilft es auch, wenn wir – beispielsweise im Rahmen eines Stuhldialogs – die Lügen des Kritikers konkret im Namen von Jesus brechen. Dann ist sowohl für den »gesunden Erwachsenen« wie auch für den »Vater der Lüge« klar, wessen Aussagen Raum haben dürfen.

Den Kritiker im Stuhldialog als Lügner entlarven

In einem schematherapeutischen Stuhldialog wird der Kritiker auf einen Stuhl gesetzt, der gesunde Erwachsene auf den andern. Oft hilft es auch, wenn daneben der Stuhl des Kindes ist, sodass man wahrnehmen kann, wie zerstörerisch sich die Aussagen des Kritikers auf das Kind auswirken. Auch kann man so erleben, wie heilsam es ist, wenn sich der gesunde Erwachsene gegen den Kritiker stellt und sich für das Kind einsetzt. In dem Dialog zwischen dem gesunden Erwachsenen und dem Kritiker begrenzt und entkräftet der Erwachsene den Kritiker und schützt das Kind. Meist kann man dem Kritiker argumentativ kaum beikommen, aber es ist wichtig, ihn klar zu begrenzen, ihn manchmal sogar »rauszustellen« (den Stuhl tatsächlich aus dem Zimmer zu stellen). Gleichzeitig kann man auch die Aussagen des Kritikers als Lügen identifizieren und diese Lügen im Namen von Jesus Christus als solche entlarven, brechen und den Kritiker so zum Schweigen bringen. Dabei ist es wichtig, dass die betroffene Person ganz klar weiß, dass man sich nicht gegen sie (gegen das Kind oder den gesunden Erwachsenen) stellt, sondern gegen den Kritiker.

Eine Möglichkeit des Dialoges ist es, dass sich der Therapeut, die Therapeutin zuerst auf den Stuhl des gesunden Erwachsenen setzt und der Patient, die Patientin auf den Stuhl des Kritikers. Damit hört man nochmals konkret die Aussagen des Kritikers und der Therapeut, die Therapeutin kann als Modell wirken, wie diese Aussagen begrenzt werden können, sodass das Kind sicher ist. In einem zweiten Durchgang coacht der Therapeut, die Therapeutin den Patient, die Patientin als gesunden Erwachsenen, der/die den Kritiker (auf dem leeren Kritikerstuhl) selbst entmachtet. Zuletzt geht die Therapeutin, der Therapeut auf den Kritikerstuhl und der Patient, die Patientin führt den Dialog erneut. Die Entmachtung des Kritikers fühlt sich für das Kind manchmal ungewohnt, aber oft sehr heilsam an. Wichtig ist, dass man Strategien vermittelt, die im Alltag immer wieder anwendbar sind, da diese über lange Zeit einstudierten und innerlich verfestigten Aussagen die Tendenz haben, immer wieder aufzutauchen, sodass sie wiederholt identifiziert und begrenzt werden müssen. Darin wird man jedoch mit der Zeit geübter und es wird einfacher, den Kritiker zu entmachten.

Es hilft, wenn wir uns die göttlichen Wahrheiten, welche die Lügen entlarven, ebenso einzuprägen suchen, wie wir die (Schema-)Lügen zuvor aufgrund unserer Prägung verinnerlicht hatten. Nebst dem Auswendiglernen von entsprechenden Bibelpassagen gibt es hier eine praktisch unbegrenzte Vielzahl an Möglichkeiten, wie wir uns die Wahrheiten »zu Herzen nehmen« können.[32] Je nach Fähigkeit, Begabung und Interesse kann eine Wahrheit in einem Lied zu uns sprechen oder beispielsweise in Form eines Bildes, eines Textes, Gedichtes oder Tanzes ausgedrückt und damit verinnerlicht werden. Auch im imaginativen Gebet können Wahrheiten direkt »gehört« und somit erlebt werden. Weitere Ausführungen dazu siehe auch in Teil 3 dieses Buches.

Gesunder Erwachsener-Modus – Verantwortung übernehmen

Der gesunde Erwachsenen-Modus ist der kompetente Teil, der für sich und sein Leben Verantwortung übernimmt und auch Gottes liebevolle Gedanken über sich kennt und annimmt. Die Bibel lehrt uns, dass Gott uns als sein Gegenüber erschaffen hat. Gott will unseren erwachsenen Anteil

32 Eine konkrete Möglichkeit bieten hier auch «Heilsame Gebete» – kurze Gebete, die Wahrheiten inspiriert aus biblischen Texten bezüglich den jeweiligen Schema-Themen ausformulieren:
Heilsame Gebete – Zur Stärkung von Achtsamkeit, Selbstmitgefühl und innerer Versöhnung, L. Hersberger und A. M. Walker, mosaicstones (2025)

ausrüsten und befähigen, er gibt uns die Möglichkeit, Entscheidungen zu treffen und Verantwortung zu übernehmen, er schenkt uns mit seinem Geist Gaben, die wir für uns und andere einsetzen können. Er zeigt sich in der Bibel als Freund, als Geliebter, als Bräutigam, als Gegenüber. Er sucht die Beziehung zu uns Menschen, stärkt und tröstet, ermutigt und ermahnt. Er respektiert auch unsere Entscheidung, wenn wir uns von ihm abwenden. Doch selbst, wenn wir ihm den Rücken kehren: Sein Beziehungsangebot bleibt bestehen, wir dürfen zu ihm gehen, er ist uns immer nahe. Mit seinem Gesetz der Liebe coacht er sozusagen den gesunden Erwachsenen auf dem Weg zum Leben, zur Liebe, zum Vater.

Jahwe befahl uns, all diese Vorschriften zu halten und ihn, unseren Gott, zu fürchten, damit es uns immer gut geht und er uns am Leben erhält, wie es heute der Fall ist. Wenn wir darauf achten, dieses ganze Gesetz vor Jahwe, unserem Gott, zu befolgen, wird das unsere Gerechtigkeit sein.
(5. Mos 6,24–25 NeÜ)

Wenn Jesus im neuen Testament das gesamte Gesetz und Propheten mit dem Gebot der Liebe zusammenfassen kann (z. B. Mt 22,36–40), wird deutlich, wie sehr es Gott um Beziehungen geht – der Beziehung zu sich selbst, untereinander und der Liebesbeziehung zum himmlischen Vater. Gott befähigt uns dazu, Liebesbeziehungen in seinem Sinn zu führen, er stärkt unsere Beziehungsfähigkeit und rüstet uns mit allem aus, was es dazu braucht.

Wenn wir erleben, wie Gott auf unseren kindlich-bedürftigen Teil liebevoll-tröstend eingeht und wie er den inneren Kritiker entmachtet, können wir von ihm lernen, wie wir selbst – in Abhängigkeit von ihm – darin auch immer mehr Verantwortung für uns übernehmen können.

Bewältigungs-Modi – unnötige Beziehungstöter

In den Bewältigungs-Modi zeigen sich verschiedene Verhaltensweisen, die zwar einerseits den inneren Schmerz betäuben, aber andererseits dysfunktional, destruktiv und oft auch aufrechterhaltende Faktoren für die bestehenden Probleme sind. Häufig bestärken die Folgen unserer Bewältigungsstrategien auch die Lebenslügen, wegen derer wir unter Druck geraten und uns dann wiederum auf schädliche Weise zu schützen suchen.

Viele Verhaltensweisen, die in der Bibel als Sünde bezeichnet werden, wie Maßlosigkeit, sexuelle und andere Süchte, aber auch das überkompensierende überhebliche Entwerten und Verletzen anderer, kann man im schematherapeutischen Sinn als Bewältigungsstrategien einordnen und verstehen. Auch die überkompensierenden Masken, die wir tragen, sind Versuche, uns möglichst so zu verhalten, dass der innere Schmerz und die Schemata, die sich in unser Leben eingeschlichen haben, von uns selbst und anderen nicht wahrgenommen werden. Dass diese Verhaltensweisen dysfunktional, destruktiv und hinderlich sind für Beziehungen jeglicher Art, liegt auf der Hand.

Folglich kann man Sünde auch als etwas verstehen, das die Beziehung zum himmlischen Vater, zum Nächsten und auch zu uns selber stört.[33] Auch hier zeigt der göttliche Heilsplan in der Bibel, dass Gott uns trotz unserer schädlichen Verhaltensweisen zuerst geliebt und sich für seine Kinder aufgeopfert hat, damit wir wieder mit ihm in Beziehung treten können. Gottes Liebe ist nicht an Bedingungen geknüpft, sondern sieht über die Schuld, die Sünde, die maladaptiven Bewältigungsstrategien hinweg das Herz der Kinder an und sucht die Beziehung zu ihnen. Es ist immer hilfreich, destruktive Verhaltensweisen zu identifizieren und (möglichst empathisch) zu konfrontieren, es ist aber aus therapeutischer und möglicherweise auch aus göttlicher Sicht meist vordringlicher, die Bedürfnisse des Kindes zu sehen, zu stillen und die strafenden und fordernden Gedankensysteme zu entmachten, worauf die Bewältigungsstrategien quasi automatisch sinnlos, überflüssig und schwächer werden.

Wir lieben ihn, weil er uns zuerst geliebt hat.
(1. Joh 4,19 SCHL)

33 Thorsten Dietz beantwortet die Frage »Was ist Sünde?« in seinem Aufsatz »Theologie der Sünde« (Theologie der Sünde. Notwendige Abschiede, biblische Einsichten und künftige Aufgaben. In: akzente für Theologie und Dienst (4/2018), 108–118.) folgendermassen:
Sünde ist eine Beziehungsstörung. Sünde ist Entfremdung des Menschen von Gott, dem Nächsten und sich selbst. Sünde ist Lieblosigkeit, Verfehlung der Liebe und damit ein Leben vorbei an der Bestimmung zur Gemeinschaft mit Gott. Darin ist Sünde Feindschaft und Aufruhr gegen Gott und seine ursprüngliche Bestimmung des Menschen. Sünde umfasst dabei gewissermaßen den Bereich des moralisch Bösen, ist aber vor allem stets auf Gott bezogen.

Gott aber beweist seine Liebe zu uns dadurch, dass Christus für uns gestorben ist, als wir noch Sünder waren.
(Röm 5,8 SCHL)

Die Bibel beschreibt als erste von Gott trennende Tat der Menschen das Essen vom Baum der Erkenntnis von Gut und Böse. Die Absicht, Gott gleich zu sein war die erste Kompensation der Menschheit. Und je nach Lesart resultierte diese Handlung daraus, dass sich durch die List der Schlange Lügen bezüglich Gottes Wesen und Vertrauenswürdigkeit in Eva's und Adam's Köpfen breit machen konnte[34].

Auch heute noch »essen« wir immer wieder von diesem Baum. Das Urteilen und Richten darüber, was Gut und Böse ist, soll uns größer, wichtiger und Gott ähnlicher machen. Schematherapeutisch würde man sagen, dass wir einen Mangel im Selbstwert damit kompensieren, dass wir andere bewerten und entwerten. Das Verurteilen, das Richten, das sich über andere Erheben, ist oft ein allzu vertrautes Denkmuster, das vielleicht eine vorübergehende selbstwertstabilisierende Funktion hat, uns insgesamt jedoch trennt von anderen und uns selbst unter Druck setzt.

Und richtet nicht, so werdet ihr nicht gerichtet; verurteilt nicht, so werdet ihr nicht verurteilt; sprecht los, so werdet ihr losgesprochen werden!
(Lk 6,37 SCHL)

Richten trennt von der Beziehung zu Gott, wie es in der Geschichte der ersten zwei Menschen Adam und Eva eindrücklich beschrieben ist. Immer wieder werden wir liebevoll mahnend dazu aufgerufen, nicht zu richten, uns also nicht dieser Bewältigungsstrategie zu bedienen, nicht andere zu entwerten, um uns ein wenig wertvoller zu fühlen. Jesus hat uns gezeigt, was wahre Liebe bedeutet – nicht den Nächsten zu opfern, um selbst mehr zu haben, sondern sich selbst (aus Liebe) zu opfern, um der/dem Nächsten mehr zu geben.

Wir haben in Jesus ein gutes Vorbild, wie wir diese negativen kritischen Stimmen, unsere inneren Pharisäer, begrenzen können. Aber die Bibel birgt noch mehr Weisheit, wie wir diese Kritiker zum Schweigen bringen.

34 Vgl. 1. Mose 3,4–5

In der Schematherapie sind die nach innen gerichteten Kritikerstimmen und der nach außen gerichtete überkompensierende Bewältigungs-Modus (»ich schütze mich, indem ich angreife«) sehr nah beieinander. Wenn wir also andere weniger kritisieren, werden wir auch uns selbst weniger anklagen. Die Bibel mahnt uns, die zu segnen, die uns fluchen und nicht zu urteilen, damit wir nicht verurteilt werden. Wir nehmen diese richtenden Stimmen in uns – sowohl gegen andere als auch gegen uns selbst – oft als stark und laut wahr. Wenn wir aber beginnen, diese Wahrnehmung zum Anlass zu nehmen, andere zu segnen, statt über sie innerlich zu »fluchen«, kann das göttliche Prinzip der Liebe heilsam in unseren Herzen wirken. Wir müssen uns nicht Gott ähnlicher und uns nicht wertvoller machen, da wir schon unschätzbar wertvoll sind – Jesus Christus hat mit seinem Leben dafür bezahlt, dass wir wieder eine Beziehung zum Vater haben können. Es gibt nichts, was wir tun könnten, um vom Vater mehr geliebt zu werden – es gibt aber auch nichts, was wir tun können, dass wir von ihm weniger geliebt wären. Wir sind von seiner Vaterliebe umgeben, er wirbt um unser Herz. Wenn diese Wahrheit unser Herz immer mehr erfüllen und prägen darf, wird jede Bewältigungsstrategie und auch jeder innere Kritiker überflüssig.

Die »Modusarbeit mit der Bibel« gibt Impulse, wie wir das Modusmodell der Schematherapie mit der biblischen Sichtweise verbinden können. Im Folgenden möchte ich einige Themen daraus vertiefen und verschiedene Fragen rund um Glauben und Psychotherapie behandeln.

2.2 WELCHE »WAHRHEIT« PRÄGT UNS? – GOTTESBILD, MENSCHENBILD, SELBSTBILD

Jesus spricht zu ihm: Ich bin der Weg und die Wahrheit und das Leben; niemand kommt zum Vater als nur durch mich!
(Joh 14,6 SCHL)

Welche Wahrheit glauben wir? Eine banale Frage, da man denken könnte, es gäbe grundsätzlich nur eine letztlich gültige Wahrheit. Die Erfahrung zeigt jedoch, dass viele Menschen glauben, dass sie die Wahrheit gefunden haben, und dennoch ganz unterschiedlicher Ansicht darüber sein können, wie diese Wahrheit aussieht. Dies mag verschiedene Gründe haben.

Wir sehen die Dinge nicht, wie sie sind, sondern wie wir sind.
(Talmud)

Oft ist es so, dass wir mit unserem Verstand Wahrheiten glauben, wie z. B. dass Gott uns so sehr liebt, dass Jesus sein Leben für uns hingegeben hat[35], dass wir von Anfang an geliebt sind von Gott[36] und dass wir wunderbar gemacht sind[37]. Im Alltagserleben werden diese wunderbaren biblischen Wahrheiten aber leider häufig von der aktuellen Situation und unseren geprägten Mustern, unseren Schemata, übertönt. Wie schnell fühlen wir uns abgelehnt, entwertet, wertlos, hilflos, allein und überfordert, obwohl wir doch eigentlich wissen dürften, dass Gott immer da ist, sich unser annimmt, uns unbeschreiblichen Wert zuspricht, uns helfen möchte (Parakletos, παράκλητος, das griechische Wort für den Heiligen Geist, wie er von Jesus angekündigt worden ist, heißt Helfer) und wir bei ihm geborgen sein können.

Wir können also anhand unserer wiederkehrenden Erfahrungen unschwer erkennen, dass die heilsamen biblischen Wahrheiten in unserem Herzensalltag oft wenig Raum haben, beziehungsweise in Gefahr sind, durch »Lebenslügen« übertönt, ersetzt oder verdrängt zu werden.

35 Z. B. Was Liebe ist, haben wir an dem erkannt, was Jesus getan hat: Er hat sein Leben für uns hergegeben. (1. Joh 3,16 NGÜ)

36 Wir lieben ihn, weil er uns zuerst geliebt hat. (1. Joh 4,19 SCHL)

37 Ich danke dir dafür, dass ich erstaunlich und wunderbar gemacht bin; wunderbar sind deine Werke, und meine Seele erkennt das wohl! (Ps 139,14 SCHL)

Das erstaunt nicht, wenn wir uns überlegen, wovon unser Denken und Erleben geprägt ist und was die Bibel über Wahrheit, Lüge und deren Ursprung sagt. Wir lesen, dass der »Fürst dieser Welt« (Joh 12,31) gleichzeitig der »Vater der Lüge« (Joh 8,44) ist, der darauf hinarbeitet, dass unsere Beziehung zum himmlischen Vater in Frage gestellt wird. Wir sind geprägt vom »Lauf dieser Welt« (Eph 2,2; Röm 12,2) und von den Menschen, die uns geformt haben – in der Regel von unseren unvollkommenen Eltern in unvollkommenen Situationen. Daraus sind unsere Schemata entstanden, die Lebenslügen, die unsere Sicht auf uns, auf andere und Gott verfälschen. Aber wir haben einen Gott, der sich wünscht, dass wir die Wahrheit erkennen und dass die Wahrheit uns frei macht (Joh 8,32). Ein Gott, der uns so sehr liebt, dass er alles dafür getan hat, um die Macht des Todes, der Sünde und des Teufels zu zerstören:

So konnte er (Jesus) durch den Tod den entmachten, der mit Hilfe des Todes seine Macht ausübt, nämlich den Teufel, und konnte die, deren ganzes Leben von der Angst vor dem Tod beherrscht war, aus ihrer Sklaverei befreien.
(Hebr 2,14–15 NGÜ)

Wir alle sind mehr oder weniger gefangen in der Sklaverei von Sünde und Lüge, die zum Tod führt, gefangen in unseren unheilvollen und letztlich schädlichen Bewältigungsstrategien. Jesus aber ist gestorben, um diese Macht der Lüge über unseren Leben mit seiner göttlichen und liebevollen, zum Leben führenden Wahrheit zu brechen, uns zu befreien und uns zu heilen.

Unser Bild von Gott, dem Nächsten und uns selbst scheint oft in ein Zerrbild der Realität verdreht worden zu sein. Dies hat einen nachhaltigen und meist negativen Einfluss auf die jeweiligen Beziehungen. Dabei liegt in diesen Beziehungen gerade unsere wichtigste Berufung.

Du sollst den Herrn, deinen Gott, lieben mit deinem ganzen Herzen und mit deiner ganzen Seele und mit deinem ganzen Denken. Das ist das erste und größte Gebot. Und das zweite ist ihm vergleichbar: »Du sollst deinen Nächsten lieben wie dich selbst«. An diesen zwei Geboten hängen das ganze Gesetz und die Propheten. (Mt 22,37–40 SCHL)

Wenn wir unser Bild von Gott den biblischen Wahrheiten angleichen wollen, ist es hilfreich zu sehen, wie das Wesen Gottes beschrieben wird. Konkret sagt uns die Bibel, dass Gott sich mit seinem ganzen Wesen in Jesus so gezeigt hat, wie er ist.

Er (Jesus) ist das vollkommene Abbild von Gottes Herrlichkeit, der unverfälschte Ausdruck seines Wesens. (Hebr 1,3 NGÜ)

Dieser ist das Ebenbild des unsichtbaren Gottes, der Erstgeborene, der über aller Schöpfung ist. (Kol 1,15 SCHL)

Denn in ihm (Jesus) wohnt die ganze Fülle der Gottheit leibhaftig. (Kol 2,9 SCHL)

Das Wesen Jesu ist liebevoll umsorgend, er gibt seinem Gegenüber unendlich viel Wert, er ist demütig, er gibt sich hin für uns Menschen, er konfrontiert knechtende Systeme (wie im Umgang mit den Pharisäern erkennbar ist), ist aber niemals direkt gegen Menschen gewalttätig. Wenn die Bibel selbst über Jesus sagt, dass er das Ebenbild des unsichtbaren Gottes, der unverfälschte Ausdruck seines Wesens ist und dass die ganze Fülle der Gottheit leibhaftig in ihm wohnt, trifft jede dieser Qualitäten auch auf Gott selbst zu. Jesus ist DAS Bild von Gott, DER Weg zu Gott und Gott IST Liebe.

Wenn wir nun irgendwo in unseren Köpfen die Idee haben, dass Gott anders ist, dass er gewalttätig, strafend, gemein, seine Macht ausnutzend oder distanziert-ablehnend ist, müssen wir uns fragen, woher diese Bilder von

Gott kommen[38]. Stimmen sie mit dem Gottesbild überein, das Jesus uns in seinem ganzen Leben und Wesen gezeigt hat? Leider allzu häufig nicht. Eher sind diese verzerrten Gottesbilder Folgen schwieriger Erlebnisse in unserer eigenen Biographie und Prägungen durch weltgeschichtliche Ereignisse. So ähnelt unser Gottesbild manchmal den römischen Kaisern der postkonstantinischen Zeit, die mit staatlicher Macht und teils gewaltsam das Christentum durchsetzen wollten – nicht als Ausdruck echter Beziehung, sondern als Zwang zur Anpassung. Oder Gott erscheint uns eher distanziert und strafend – wie vielleicht unsere Eltern, wenn sie überfordert waren. Es kann ernüchternd sein, sich dies einzugestehen, aber wir dürfen darauf bauen: *Die Wahrheit macht uns frei (Joh 8,32).*

Wir sind auch dazu aufgefordert, unsere Gedanken darauf zu richten, was wahr ist (Phil 4,8) und sie der liebevollen Wahrheit von Jesus unterzuordnen (2. Kor 10,5).

Und wenn wir dieser biblischen Wahrheit näherkommen, werden wir immer mehr entdecken, wie wir uns selbst echt annehmen können, wie unsere Liebe zum himmlischen Vater wächst *(Wir lieben ihn, denn er hat uns zuerst geliebt. 1. Joh 4,19 SCHL)* und wie wir diese Liebe unserem Nächsten weitergeben können *(Deshalb nehmt einander auf, wie auch der Christus euch aufgenommen hat, zu Gottes Herrlichkeit! Röm 15,7 ELB).*

Unsere inneren Bilder können sich so den biblischen Wahrheiten annähern; Gott ist wie Jesus, der sich am Kreuz für uns hingegeben hat. Wir selbst sind zuerst geliebt und jeder andere Mensch ist ebenso geliebt. Wir dürfen wie Paulus sagen, dass wir uns vornehmen, über andere nichts zu wissen, als dass sie es wert sind, dass Jesus für sic am Kreuz gestorben ist – Jesus als Gekreuzigten (1. Kor 2,2).

Diese Wahrheiten können helfen, unsere inneren Bilder heilsam zu verändern. Wie bereits erwähnt, bewirken theoretisches Wissen und

38 Die Tatsache, dass im Alten und auch im Neuen(!) Testament durchaus auch Bilder von Gott beschrieben werden, die einen gewaltsamen und zornigen Eindruck machen, ist mir wohl bewusst. Ich möchte mich dabei an die Aussagen der Bibel selbst halten, die mir in dem Thema Wegleitung geben. Jesus sagt in Joh 5,36, dass er ein Zeugnis hat, das größer ist als das des Johannes, welcher seinerseits als größter Prophet beschrieben wird (in Mt 11,11). Zudem bezeugen verschiedene Bibelstellen (z. B. Hebr 1,3; Kol 1,15;2,9), dass Jesus die größte und vollkommene Offenbarung des Vaters ist. Dies gibt Sicherheit, wirft aber die Fragen auf, wie Bilder von Gott in der Bibel, die nicht dem Wesen Jesu entsprechen, verstanden werden können. Dies kann ich hier nicht im Einzelnen ausführen, ich verweise aber gern auch in dem Punkt auf Greg Boyd, der mit seiner »cruciform hermeneutic« eine mögliche Erklärung bietet. Seine umfassenden Bücher zum Thema: Boyd, Gregory A. The Crucifixion of the Warrior God: Volumes 1 & 2. Fortress Press, 2017.
Eine kürzere Version davon: Boyd, Gregory A. Cross Vision: How the Crucifixion of Jesus Makes Sense of Old Testament Violence. Fortress Press, 2017.

Erkenntnisse allein nur bedingt Veränderung. Deshalb werden wir später näher darauf eingehen, wie diese biblischen Wahrheiten erlebbar werden können. Hier ist es erstmal wichtig zu sehen, dass unsere Vorstellungen von Gott, von seiner Liebe, von uns selbst und andern oft weniger biblisch begründet sind als uns bewusst ist. Durch diese Erkenntnis, durch das Durchschauen unserer Schema-»Brille«, können wir sehen, dass andere Einflüsse als Gottes liebevolle Wahrheit unser Denken und Erleben geprägt haben.

Kurz und prägnant hat der katholische Philosoph Heinrich Spaemann 2. Kor 3,18[39] zusammengefasst:

»Denn was ich im Auge habe, bildet mich.
Wir werden, was wir schauen.«

Damit drückt er die tiefe Erkenntnis aus, dass wir uns in das Bild von Gott hineinverwandeln, an das wir glauben (engl. »We become the God we worship«).

Wenn wir Menschen, die dem christlichen Glauben kritisch gegenüberstehen, nach den Gründen ihrer Ablehnung fragen, hören wir oft, dass sie Christen als heuchlerisch, verurteilend, überheblich, moralisierend und »genauso wie andere« erleben, dass im Namen Jesu so viel Gewalt ausgeübt worden sei – die Kreuzzüge werden hier oft als Beispiel angeführt. Und wir müssen diese Argumente ernst nehmen, sagen sie doch viel über Christen und ihren Glauben aus.

In den USA wurde vor einigen Jahren eine Studie durchgeführt, in der häusliche Gewalt unter Christen und Nichtchristen verglichen wurde. Das ernüchternde Resultat: in christlichen Häusern gab es gleich viel Gewalt, ja teilweise sogar mehr Gewalt als in nichtchristlichen Haushalten[40]. Das stimmt nachdenklich.

Wenn das Gottesbild der Christen mehrheitlich vom Wesen eines römischen Kaisers geprägt ist, der mit Gewalt seine Macht zu behaupten suchte, machen diese Studie und die Vorbehalte der Nichtchristen Sinn.

39 Ja, wir alle sehen mit unverhülltem Gesicht die Herrlichkeit des Herrn. Wir sehen sie wie in einem Spiegel, und indem wir das Ebenbild des Herrn anschauen, wird unser ganzes Wesen so umgestaltet, dass wir ihm immer ähnlicher werden und immer mehr Anteil an seiner Herrlichkeit bekommen. Diese Umgestaltung ist das Werk des Herrn; sie ist das Werk seines Geistes. (2 Kor 3,18 NGÜ)

40 Popescu, Marciana L., Smita Dewan, Corneliu Rusu. »Childhood victimization and its impact on coping behaviors for victims of intimate partner violence.« Journal of family violence 25.6 (2010): 575–585.

Wenn wir jedoch an einen Gott glauben, der sich in seinem ganzen Wesen in Jesus Christus, insbesondere durch seinen Tod am Kreuz, gezeigt hat, werden wir uns in ein völlig anderes Bild verwandeln. We become the God we worship[41]. Das Bild, das wir von Gott haben, prägt nicht nur unseren Glauben und unser Herz, nein es hat viel weitreichendere Folgen. Wir prägen damit auch unsere Nächsten und damit das Bild, das die Welt von Gott hat.

Wir sagen manchmal, dass wir Christen die Bibel sein wollen, die die Welt liest[42]. Dann dürfen und müssen wir auch an den Gott glauben, der sich in Jesus so offenbart hat, wie er wirklich ist. Demütig, auf den Nächsten ausgerichtet, sich hingebend für diejenigen, die er liebt, nicht gewalttätig. In dieses Bild wollen wir uns hinein verwandeln.

---

41 Es gibt ein weiteres empfehlenswertes Buch vom Psychiater Dr. Timothy Jennings, das beschreibt, wie unser Gehirn dann am Besten und Vernünftigsten funktioniert, wenn wir an einen Gott glauben, vor dem wir keine Angst haben müssen. Was dies für Auswirkungen auf uns hat und wie man das Gottesbild hilfreich verändern kann, erläutert er im Buch:
Jennings, Timothy R. The God-Shaped Brain: How changing your view of God transforms your Life. IVP-Books, 2013.

42 Vgl. dazu auch das tiefgründige Lied von Phillips, Craig & Dean: I Want to Be Just Like You.

2.3 SCHEMATA SIND FOLGEN DER GEFALLENEN SCHÖPFUNG

Die Bibel geht davon aus, dass Gott die Menschen ursprünglich in eine vollkommene Welt hinein erschaffen hat. Durch den Einfluss von Satan und die Möglichkeit der Menschen und Engel, sich für oder gegen Gott und sein Gesetz der Liebe zu entscheiden, geschah und geschieht auf der Erde vieles, das nicht ursprünglich der göttliche Wille unseres himmlischen Vaters für uns Menschen gewesen ist[43]. Paulus geht so weit, zu sagen, dass Satan der Fürst dieser Welt ist (Joh 12,31; Joh 16,11; Eph 2,2). Zudem ruft er dazu auf, dass wir uns nicht dem Lauf dieser Welt angleichen sollen.

Und passt euch nicht diesem Weltlauf an (συσχηματίζομαι), sondern lasst euch in eurem Wesen verwandeln durch die Erneuerung eures Sinnes, damit ihr prüfen könnt, was der gute und wohlgefällige und vollkommene Wille Gottes ist.
(Röm 12,2 SCHL)

Richtet euch als gehorsame Kinder Gottes nicht mehr nach den eigensüchtigen Wünschen aus jener früheren Zeit, als ihr noch nichts von Christus wusstet (συσχηματίζομαι: hier übersetzt als »sich richten nach«).
(1. Pet 1,14 NGÜ)

In Römer 12,2 und 1. Petrus 1,14 wird das griechische Verb συσχηματίζομαι (»syschematizomai« = gleichmachen, sich nach jemandem richten oder bilden) verwendet, was einerseits den Schemabegriff beinhaltet und andererseits in dem Kontext auch genau das ausdrückt, was ich mir mithilfe der christlich orientierten Schematherapie erhoffe: Eine Veränderung unseres Denkens und Erlebens, welche uns von dem Lauf dieser Welt, den

43 Eine Sichtweise auf Gott und das Leid in der Welt, die weder Gott noch den Betroffenen die Schuld und Ablehnung entgegenbringt: Open Theism, mehr dazu unter http://www.reknew.org (abgerufen am 24.07.2025), sowie Predigten von der Woodland Hills Church (Greg Boyd) http://www.whchurch.org (abgerufen am 24.07.2025), und Bücher:
- Boyd, Gregory A. Trifft Gott die Schuld? Warum Standarderklärungen für das Leid nicht genügen. Movement Verlag, 2020.
- Boyd, Gregory A. Satan and the problem of evil: Constructing a Trinitarian warfare theodicy. InterVarsity Press, 2001.
- Boyd, Gregory A. God of the Possible: A biblical introduction to the open view of God. Baker Books, 2000.

hinderlichen Schemata und unserer Selbstbezogenheit befreit und unsere Identität als Kinder Gottes tiefer wurzeln lässt, sodass wir nach dem Willen Gottes leben können.

In 1. Korinther 7,31 kommt im Urtext auch der Schema-Begriff wörtlich vor (σχήμα = Haltung, Bild, Gestalt, Form): *Und wer sich die Welt zunutze macht, soll sich nicht von ihr beschlagnahmen lassen. Denn die Welt in ihrer jetzigen Gestalt (σχήμα, »Schema«) wird vergehen. (1. Kor 7,31 NeÜ)*

Es geht also sowohl Paulus, Petrus als auch mir darum, dass wir uns nicht mehr von unseren durch die Lügen und Leiden dieser Welt geprägten Schemata und unseren hilf- und fruchtlosen Bewältigungsstrategien bestimmen lassen, sondern dass unser Denken und Erleben durch die Vaterliebe Gottes erneuert werden kann. Verändert in die Wahrheit, dass wir angenommen, geliebt und frei sind. Frei zu lieben, frei zu dienen, frei in Beziehung zu sein mit Gott, unserem Nächsten und uns selbst.

2.4 BEFREIUNG VON DER SÜNDE

Das Gesetz der Liebe und die Gefangenschaft der Sünde

Die Bibel nennt das Nichteinhalten von Gottes Gesetz Sünde.

Die Sünde ist die Gesetzlosigkeit.
(1. Joh 3,4b SCHL)

Wenn wir den Begriff »Gottes Gesetz« hören, haben wir in unseren Köpfen unterschiedliche Vorstellungen davon, was das bedeutet. Auch hier stellt sich die Frage, wie unser Bild von Gott und seinem Gesetz geprägt ist. Vertrauen wir darauf, dass Gottes Gesetz für uns Menschen gut ist, wie Paulus in Römer 7,12 schreibt? Oder haben wir die innere Vorstellung, dass Gott wie ein römischer Kaiser Gesetze erlässt? Dann sind Gesetze dazu da, das Volk zu unterdrücken und um damit Macht und Kontrolle auszuüben. Wenn aber Gott das Gesetz so anwenden würde, weshalb sehen wir dann im beschriebenen Verhalten von Jesus nichts von Zwang, Machtausübung, Gewalt oder Bestrafung? Die Bibel selbst gibt uns hier Antwort – es ist eine andere Art von Gesetz:

So ist nun die Liebe die Erfüllung des Gesetzes.
(Röm 13,10b SCHL)
oder
Denn das ganze Gesetz wird in einem Wort erfüllt, in dem: »Du sollst deinen Nächsten lieben wie dich selbst«.
(Gal 5,14 SCHL)

Das Gesetz Gottes ist ein Gesetz der Liebe. Gottes Weisheit, die uns freisetzen und uns zum Leben, zur Liebe und in die Beziehung zu Gott selbst führen will. Die Übertretung dieses Gesetzes, die Sünde, führt im Gegenzug zum Tod.

Die Sünde aber, wenn sie vollendet ist, gebiert den Tod.
(Jak 1,15b SCHL)

Denn der Lohn (Sold) der Sünde ist der Tod.
(Röm 6,23 SCHL)

Wenn also der himmlische Vater seinen Kindern das Gesetz der Liebe offenbart hat und in seiner Liebe seinen Sohn hingegeben hat, dass dieser durch seinen Tod am Kreuz die Macht der Sünde breche, so erscheint sowohl der Begriff Sünde als auch der Begriff Gesetz in einem neuen Licht.

So konnte er (Jesus) durch den Tod den entmachten,
der mit Hilfe des Todes seine Macht ausübt, nämlich den Teufel,
und konnte die, deren ganzes Leben von der Angst vor dem Tod
beherrscht war, aus ihrer Sklaverei befreien.
(Hebr 2,14–15 NGÜ)

Dazu ist der Sohn Gottes erschienen,
dass er die Werke des Teufels zerstöre.
(1. Joh 3,8b SCHL)

Sünde hat die Eigenschaft, dass sie zum Tod führt und zur Trennung von Gott und Menschen. Sünde ist also alles, was nicht zum Leben, zu Gott, zu einer liebevollen Beziehung zum Vater führt, der uns seine Liebe im Tod seines Sohnes so eindrücklich zeigt.[44]

Von daher wage ich es, die nicht hilfreichen Bewältigungsstrategien mit dem biblischen Begriff von Sünde in Zusammenhang zu bringen – nicht in einem wertend-moralisierenden, sondern vielmehr in einem empathisch-verstehenden Sinn: Handlungen, die uns zwar kurzfristig sinnvoll erscheinen, weil sie uns unseren Schmerz für einen Moment vergessen lassen, die langfristig aber zu mehr Leid und letztlich zum Tod führen.

44 Mehr zu dieser Sicht von Sünde, Gesetz und Heilung im Buch vom Psychiater und Autor Dr. Timothy Jennings: Jennings, Timothy R. Could It Be This Simple? A Biblical Model for Healing the Mind. Hagerstown, MD: Review & Herald Pub., 2007.
Mehr von Dr. Jennings auch der Website von Come and Reason Ministries. http://comeandreason.com (abgerufen am 23.07.2025).

Strategien, die uns gefangen halten und daran hindern, echt in Beziehung zu leben – zu uns selbst, zu anderen und zu Gott.

Am Beispiel eines alkoholabhängigen Menschen zeigt sich, dass der Konsum von Alkohol kurzfristig dazu führt, dass die Schuldgefühle, die innere Leere oder die Traurigkeit weniger stark wahrgenommen werden. Langfristig führt der regelmäßige Konsum jedoch zur Abhängigkeit und schadet der Psyche, dem Körper, den privaten und beruflichen Beziehungen. Eine Alkoholabhängigkeit kann letztendlich über verschiedene Mechanismen tatsächlich zum Tod führen, beispielsweise durch Leberversagen. Analog dazu benennt die Bibel das, was als schlechte Gewohnheit schlussendlich zum Tod führt, Sünde.

Jesus ist Sieger - Christus Victor

So konnte er (Jesus) durch den Tod den entmachten, der mit Hilfe des Todes seine Macht ausübt, nämlich den Teufel, und konnte die, deren ganzes Leben von der Angst vor dem Tod beherrscht war, aus ihrer Sklaverei befreien.
(Hebr 2,14–15 NGÜ)

Für alle Christen stellt Jesus das Zentrum des christlichen Glaubens dar, wobei seinem Werk am Kreuz besondere Bedeutung zukommt. Wie dies jedoch theologisch verstanden wird, variiert erheblich. Obwohl in unseren Breitengraden nicht sehr verbreitet, war während über tausend Jahren nach Jesu Leben auf Erden eine bestimmte Sichtweise vorherrschend. Die meisten Kirchenväter, darunter auch Origenes, Irenäus und Augustinus, schlossen sich dieser Meinung an. Sie wird heute deshalb »klassische Sicht« oder seit der Wiederbeschreibung durch Gustav Aulén[45] »Christus Victor-Theorie« genannt.

Christus Victor versteht das Erlösungswerk von Jesu in erster Linie als Sieg von Jesus über Sünde, Tod und Teufel. Jesu Tod wird als Lösegeld gesehen, um die Menschen aus der Gefangenschaft zu befreien. Dazu passt auch

45 Aulén, Gustaf E. H. Christus Victor: an Historical Study of the Three Main Types of the Idea of the Atonement. London: Society for Promoting Christian Knowledge, 1931. Print.

die Symbolik des Abendmahles, anlässlich dessen wir des Erlösungswerkes gedenken. Jesus selbst hat das Abendmahl im Rahmen des Passahfestes eingeführt, an dem die Juden sich regelmäßig an die Befreiung des Volkes Israel aus der Sklaverei in Ägypten erinnerten.

Wir sind gefangen in der Knechtschaft von Sünde, Tod und Teufel. Jesus befreit uns davon durch seinen ultimativen Akt der Nächstenliebe am Kreuz und macht die Beziehung zu Gott wieder möglich.

Mir scheint diese Sichtweise sehr hilfreich zu sein im Verständnis von und dem Umgang mit Sünde, bzw. unseren Bewältigungsstrategien. Dass wir darin gefangen sind, ist leicht nachzuvollziehen. Und dass Jesus gekommen ist, um durch sein Werk am Kreuz die Beziehung zum Vater wiederherzustellen, indem er uns aus dieser Knechtschaft befreit, aus der Sklaverei der Lüge, der Angst, des Todes und des Teufels, ist eine entlastende und freisetzende Botschaft. Bewältigungsstrategien sind beziehungsstörend in jeder Dimension, die Liebe Gottes aber macht es möglich, dass wir – angenommen vom Vater im Himmel, geliebt und teuer erkauft – frei werden können von diesen hilflosen Versuchen uns selber zu schützen.

Um 1097 nach Christus hat Anselm von Canterbury mit seiner Schrift »Cur Deus Homo« den Fokus mehr auf den juristischen Akt der Bestrafung, bzw. Wiedergutmachtung gelegt und die Satisfaktionslehre beschrieben. Diese bot die Grundlage für die Sühnopfertheologie, die auch später von den Reformatoren übernommen wurde. Darin stellt die Ehrverletzung Gottes durch die Sünde der Menschen den zentralen Konflikt dar, den Jesus durch den stellvertretenden Opfertod gelöst hat. Jesu Tod befreit uns von der Strafe, die auf Sünde erfolgen muss. Obwohl die Bedeutung des »Opferlammes« durchs Alte Testament bis hin zu Jesus wichtig ist, birgt diese Sichtweise doch die Gefahr, dass man damit das Gottesbild eines gewaltsamen Herrschers prägt, der seine Ehre dadurch rettet, dass er seinen eigenen Sohn tötet. Auch hier würde ich wiederum vermuten, dass eine solche Sichtweise mehr durch das Vorbild weltlicher Tyrannen oder mittelalterlicher Rechtssysteme begründet wird als durch einen Gott, der sich in Jesus Christus in seinem gesamten Wesen so gezeigt hat, wie er ist.

In der Christus Victor-Theorie wird der Rahmen größer gespannt und der Konflikt zwischen Gott und dem Bösen, der oder das uns gefangenhält, wird ein für allemal auf eine herrlich kontraintuitive gewaltfreie Weise, durch Nächstenliebe und Selbsthingabe, gelöst. In der Klärung dieses kosmischen Konfliktes zwischen Gott und Teufel können auch die Bibelstellen eingeordnet werden, die den Tod Jesu stellvertretend für uns beschreiben. Dann führen sie uns aber nicht zu einem strafend-gewaltsamen Gottesbild, sondern zu einem Vater, der alles dafür tut, um seine Kinder, die sich in Gefangenschaft befinden, zu befreien.

Gerade für Menschen, die in ihrem Leben geprägt worden sind von einer strafend-ablehnenden Haltung, kann die Christus Victor-Theorie eine sehr befreiende Sichtweise darstellen. Wenn wir in der Schematherapie Lügen über uns selbst und unsere Umwelt entlarven und entmachten, so ist es bei Menschen mit einer Gottesbeziehung teilweise ebenfalls sehr hilfreich, wenn auch auf theologischer Ebene unheilsame Gottesbilder in Frage gestellt und vorhandene Alternativen angeboten werden können.

2.5 SELBSTSUCHT – EINE HEILBARE KRANKHEIT?

Tut nichts aus Selbstsucht oder nichtigem Ehrgeiz,
sondern in Demut achte einer den anderen höher als sich selbst.
(Phil 2,3 SCHL)

Im Dienst an einer Sache oder in der Liebe zu einer Person erfüllt der Mensch sich selbst. Je mehr er aufgeht in seiner Aufgabe, je mehr er hingegeben ist an seinen Partner, umso mehr ist er Mensch, umso mehr wird er selbst. Sich selbst verwirklichen kann er also eigentlich nur in dem Maße, in dem er sich selbst vergisst, in dem er sich selbst übersieht.
(Viktor Frankl, jüdischer Neurologe und Psychiater, Holocaust-Überlebender und Begründer der Logotherapie)

Es drängt sich die Frage auf, wie wir die Schlagworte der Psychologie wie Selbstwertstärkung, Selbstannahme, Selbstwahrnehmung, Selbstfürsorge oder Selbstschutz in unser christliches Werteverständnis einordnen können. Wie so oft sind die beiden Extreme nicht hilfreich – weder völlige Selbstbezogenheit noch totale Aussenorientierung. Für Menschen mit Schemata aus der Domäne Fremdbezogenheit (Aufopferung, Unterwerfung, Streben nach Anerkennung) ist es heilsam, eigene Gefühle und Bedürfnisse wahrzunehmen und auszudrücken, um sich überhaupt erst wieder auf eine gesunde Weise aufs Gegenüber einlassen zu können. Andererseits können uns die ganzen »Selbst«-Parolen auch in eine unheilsame Selbstbezogenheit führen. Dann nehmen wir zwar jede Regung unserer Seele wahr und wissen, was wir brauchen, aber es fehlt uns möglicherweise zunehmend an Beziehungsfähigkeit. Luther nennt diese Form der Selbstbezogenheit – anstelle der Gott- und Nächstenbezogenheit – »Homo incurvatus in se ipsum«, »der in sich selbst verkrümmte Mensch«, und sieht sie als das Wesen der Sünde an.

Selbstbezogenheit und Nächstenliebe

Wenn ihr aber bitteren Neid und Selbstsucht in eurem Herzen habt, so rühmt euch nicht und lügt nicht gegen die Wahrheit! Das ist nicht die Weisheit, die von oben kommt, sondern eine irdische, seelische, dämonische. Denn wo Neid und Selbstsucht ist, da ist Unordnung und jede böse Tat.
(Jak 3,16 SCHL)

Offenbar sind aber die Werke des Fleisches, welche sind: Ehebruch, Unzucht, Unreinheit, Zügellosigkeit; Götzendienst, Zauberei, Feindschaft, Streit, Eifersucht, Zorn, Selbstsucht, Zwietracht, Parteiungen;
(Gal 5,19–20 SCHL)

Selbstsucht (ἐριθεία, griechisch für Zank, Eigennutz, selbstsüchtiger Ehrgeiz) wird in der Bibel als Sünde, bzw. als Werk des Fleisches und als irdische, seelische und dämonische »Weisheit« beschrieben.

Wenn wir dies nun schematherapeutisch betrachten, könnte man die Selbstschutzmechanismen, die biologisch angelegt, aber deswegen nicht minder schädlich sind, als Sünde einordnen. Selbstbezogenheit könnte man in dem Sinne verstehen, dass ich mich vor den schemabedingten Schmerzen – z. B. Angst davor, abgelehnt oder verlassen zu werden – zu schützen suche, in dem ich mich beispielsweise in Beziehungen immer aufopfere. Auch wenn diese Form der Aufopferung erstmal christlich-altruistisch wirken mag, ist sie doch in ihrem Wesen nicht gesund und auch nicht wirklich auf den Nächsten bezogen. Wenn ich nur deshalb den anderen alles recht machen möchte, weil ich Angst habe, sonst abgelehnt zu werden, liegt meine Aufmerksamkeit primär darauf, mich zu schützen – zu bewältigen – und nicht beim Gegenüber. Menschen, die sich angstmotiviert für andere aufopfern, spüren manchmal nicht, ob dies für das Gegenüber überhaupt erwünscht und passend ist. Aufopferung im Sinne einer Bewältigungsstrategie ist in dem Moment eine Form von Selbstbezogenheit, die uns mehr schadet als nützt.

Dieselbe Handlung kann jedoch auch eine »echte« Form von Nächstenliebe sein, was letztlich nur wir selbst differenzieren können. Eine hilfreiche Frage, die wir uns dabei stellen können, ist die nach der Motivation unseres Handelns. Ist unsere Motivation Angst (z. B. dass der andere mich ablehnen könnte) oder Liebe bzw. Nächstenliebe (ich gebe aus Freude, aus meinem Überfluss, bewusst liebevoll)? Wenn Angst unser Antreiber ist, können wir davon ausgehen, dass unsere altruistisch wirkenden Taten möglicherweise schemamotiviert im Sinne von Bewältigungsstrategien sind. Ist unsere Motivation jedoch Liebe, dann fühlt es sich stimmig an – ich gebe gern und nahezu mühelos aus einem vollen Herz weiter.

Und auch hier gibt uns die Bibel hilfreiche Ideen, wie dies konkret aussehen kann. Wenn wir unsere Aufmerksamkeit auf Jesus richten (Hebr 3,1), zum Ziel haben, in sein Ebenbild verwandelt zu werden (2. Kor 3,18) und darauf vertrauen, dass Gott sich in Jesus in seinem ganzen Wesen gezeigt hat – dann sehen wir den Gott, der die Liebe selbst IST. Und diese Liebe gibt sich hin für den Nächsten, spricht ihm Wert und Würde zu, wendet selbst keine Gewalt gegen Menschen an *(unser Kampf richtet sich nicht gegen Fleisch und Blut Eph 6,12a SCHL).* Wir sehen eine Liebe, die auf den anderen, den Nächsten ausgerichtet ist. Wie anders ist diese Form der Liebe als das, was wir in der Welt lernen. Und auch hier ist das göttliche, liebevolle Prinzip zu erkennen im Gesetz der Liebe, dass Geben grundsätzlich hilfreicher, gesünder, »besser« ist als Nehmen.

Geben ist seliger als Nehmen

Geben ist glückseliger als Nehmen!
(Apg 20,35b SCHL)

Dieses Prinzip ist auch in der Schöpfung erkennbar. Wir atmen Kohlendioxid aus, welches die Pflanzen brauchen und in Sauerstoff umwandeln, den wir wiederum zum Überleben brauchen. Auch der Kreislauf des Wassers ist ein Kreislauf des Gebens; eine Wasseransammlung, bei der es keinen Ausfluss gibt, kann in der Regel kein Leben in sich tragen. Und so ist es manchmal auch bei uns Menschen – wenn wir nichts weitergeben von der Liebe des Vaters, von den Gaben, die er in jeden von uns hineingelegt hat (z. B. 1. Kor 12), wenn wir nicht unsere Aufgabe im Leib Christi wahrnehmen, in der jeder seine Funktion, seine Wichtigkeit, seinen Platz, seine besondere Begabung oder seinen Dienst hat, können wir noch so sehr auf unsere Gefühlsregungen hören und wissen, was wir jeweils gerade brauchen, letztlich wird es sich leblos anfühlen. Viktor Frankl, der im zweiten Weltkrieg die unvorstellbare Not und das Leiden in Konzentrationslagern am eigenen Leib erfahren musste, begründete danach die Logotherapie. Er geht davon aus, dass das Streben nach Sinn im Leben die primäre Motivationskraft eines Menschen darstellt. Auch neuere Psychotherapieformen wie z. B. die Akzeptanz- und Commitment-Therapie (ATC)[46] gehen davon aus, dass wir Werte in unserem Leben brauchen, für die es sich lohnt einzustehen, »trotz« dem Leid, das wir erleben.

Das Weitergeben, das Einstehen für unsere Werte und das Wahrnehmen unseres Nächsten scheinen im Leben zentral wichtige Themen zu sein. Viele meiner Patientinnen und Patienten berichten, dass sie darunter leiden, keine Aufgabe zu haben. Und während auf der anderen Seite die ständige Beschäftigung mit sich selbst eine unheilsame Bewältigungsstrategie sein kann, ist es für viele, ja wahrscheinlich für alle Menschen wichtig, zu wissen, dass ihr Leben einen Sinn hat, dass sie wichtig und für andere wertvoll sind. Wenn Nächstenliebe ein göttliches Weisheitsprinzip ist, ist es für uns heilsam und hilfreich, dies in unseren Leben zu berücksichtigen und anzuwenden.

Nächstenliebe heißt, einander echt zu begegnen, den andern echt zu sehen und ihm echt zu helfen. Wenn unser Gegenüber echt wird und dies in einer vertrauensvollen Beziehung zum Ausdruck bringen kann, öffnet sich unser Herz und wir können Anteil nehmen am Innersten unseres Nächsten. Dieses Gesehenwerden, bzw. Sehen, ist sowohl für Geber als auch Empfänger ein wundersames, göttliches, heilsames Prinzip. Solange unser Gegenüber aber am Bewältigen ist, sich durch Leistung, Masken, Ablenkung oder Schuldzuweisungen schützt, fällt es uns schwerer, das Echte dahinter zu sehen. Wenn uns dies dennoch gelingt, ist die Freude über

46 Z. B. in Russ, Harris. Wer dem Glück hinterherrennt, läuft daran vorbei: Ein Umdenkbuch. Goldmann Verlag, 2013.

das dann Anvertraute aber vielleicht noch größer. Es lohnt sich, hinter die Bewältigungsstrategien unseres Nächsten zu sehen und das geliebte Kind Gottes als solches wahr- und anzunehmen.

Eine Beziehung, die es uns ermöglicht, nicht nur immer an uns selbst denken zu müssen und dabei völlig sicher, frei, geliebt und angenommen zu sein, ist die in der Bibel beschriebene Beziehung zu Gott, über Jesus Christus. Wenn ich meine Identität völlig in Jesus gründe und verwurzle, kann ich alle meine Strategien, die mir helfen, mich selbst etwas wichtiger, stärker, maskenhafter darstellen zu können, loslassen und einfach nur mich selbst, echt und verletzlich sein, mich in Jesus gesättigt, getragen, verankert und geschützt wissen. Die Beziehung zu Jesus Christus macht es möglich, dass wir unsere unheilsamen »Selbst-«Strategien loslassen und sagen können *»nimm Du zu in mir, ich möchte abnehmen« (n. Joh 3,30 LUT).*

2.6 RELIGIÖSES LEISTUNGSDENKEN – WOLF IM SCHAFSPELZ

Es ist für mich immer wieder eine erstaunliche Feststellung, dass äußerlich christlich-korrekte Verhaltensweisen auch eine christianisierte, vergeistlichte Form eines Selbstschutzes sein können. Jemand mit einer hohen Leistungsorientierung wird vielleicht auch, nachdem er oder sie Christ geworden ist, zuerst einmal in den altvertrauten Mustern weiterlaufen. Und es gibt im christlichen Glauben eine Vielzahl von Verhaltensweisen, die man sich als Ersatz-Leistungen ergreifen kann. Die »christliche« Form von Leisten kann sich zum Beispiel in Form von vielem Beten, Bibellesen, Nachbarhilfe sowie allen Arten von Diensten innerhalb und außerhalb der Gemeinde äußern. Dabei mag der kritische Leser zu Recht einwenden, dass dies alles wichtige und gute Dinge sind. Wiederum ist es aber eine Frage nach der Herzenshaltung, der Motivation, die uns antreibt. Nur zu oft scheinen unsere christlichen Formen der Kompensation zwar hilfreich und gut nach außen, haben aber letztlich nur die Funktion, unseren Selbstwert zu stabilisieren, uns zu schützen vor unserer zugrundeliegenden Angst, unzulänglich, abgelehnt, alleine oder wertlos zu sein. Dabei sagt uns die

Bibel, dass wir angenommen und geliebt sind, schon bevor wir etwas für Gott tun. Die Liebe ist ein Geschenk, das Gott uns gibt. Dass eine echt erlebte Liebe etwas in uns verändert und uns dazu führt, dieser Veränderung Ausdruck geben zu wollen, ist natürlich. Aber wir sind nicht geliebt, weil wir etwas Gutes tun, sondern wir tun Gutes, weil wir geliebt sind.

In unserer westlichen Gesellschaft ist es gar nicht so einfach, dies immer so klar unterscheiden zu können. Wir sind so beschäftigt, abgelenkt und verplant, dass uns oft die Ruhe fehlt, unsere Motive zu prüfen. Wenn wir aufhören zu leisten und beginnen, uns wahrzunehmen, fällt oft auf, dass wir uns ohne Leistung eigentlich wertlos fühlen. Die Konsequenz davon ist, dass wir versuchen, diese Gefühle der Wertlosigkeit mit noch mehr Leistung zu kompensieren. Dies führt leider allzu oft in Erschöpfungszustände, sozusagen religiös motivierte und unterstützte Burnouts. So wie jede Form des Workaholismus, des sich ständigen Ablenkens durch Leistung oder Beschäftigung, eine nicht hilfreiche Selbstschutzstrategie sein kann, sind es leider oft auch die christlichen Varianten davon.

Umso wichtiger ist es, unser Denken wirklich zu erneuern, wie Paulus dies uns nahelegt. Wir sollen nicht dem Lauf dieser Welt folgen, sondern aus Liebe heraus handeln, aus dem Geliebtsein heraus leben. Wenn ich mich auch ohne Selbstschutzstrategie geliebt und angenommen wissen und erleben darf, wird in mir natürlicherweise der Wunsch und das Bedürfnis wachsen, dieser Freude, dieser Quelle des Lebens Ausdruck zu geben, diese heilsame Botschaft weiterzugeben, die Beziehung zu diesem wunderbaren himmlischen Vater zu pflegen, ihn anzubeten, mit ihm zu reden, mich für ihn hinzugeben, wie er sich auch für mich hingegeben hat. Wir sind schon völlig geliebt – wir können nichts tun, dass Gott uns mehr liebt; wir können aber auch nichts tun, dass er uns weniger liebt. Er hat sich in seiner Liebe für uns hingegeben, als wir ihm noch fern waren. Wir sind für ihn unschätzbar wertvoll. Leistung kann uns nicht mehr Wert geben, als wir ohnehin schon haben. Das einzige, was uns in dieser Hinsicht oft noch fehlt, ist die Einsicht, dass es uns aus göttlicher Sicht an nichts fehlt.

Und eine weitere, aus meiner Sicht noch etwas subtilere, perfidere Form der religiösen Kompensationsstrategien, ist der Anspruch, genau das Richtige zu glauben. Wenn es wichtiger wird, dass ich zu hundert Prozent richtig liege mit meiner Sicht auf die Bibel und auf Gott, als dass ich in der Beziehung mit Gott angenommen und geliebt bin, übe ich wiederum eine Form des religiösen Leistungsdenkens aus, die mir zwar ein wenig Selbstwert im Sinne einer Selbstschutzstrategie gibt, die mich aber von tiefen und heilsamen Beziehungen zu Menschen und zu Gott mehr abhält, als dass sie mich hineinführt. Wir suchen die Wahrheit, und die Wahrheit ist eine Person – Jesus Christus. Er ist es, der mit uns eine Beziehung sucht. Wir wollen uns von dieser Beziehung prägen lassen und aus der Ruhe der Gegenwart Gottes heraus die Welt prägen. Aus dem Bewusstsein heraus, dass wir von der himmlischen Vaterliebe vollkommen umgeben sind, können wir viel Gutes bewirken.

2.7 VERGEBUNG UND VERANTWORTUNG

Rächt euch nicht selbst, meine Lieben, sondern gebt Raum dem Zorn Gottes; denn es steht geschrieben (5. Mose 32,35): »Die Rache ist mein; ich will vergelten, spricht der Herr.« (Röm 12,19 LUT)

Oft sind wir gefangen in den Verletzungen unserer Vergangenheit. Aber Gott wird am Ende für Gerechtigkeit sorgen, möglicherweise indem in der Herrlichkeit und im Licht der Gegenwart Gottes die Folgen jeder Tat völlig offenbar werden. Dann werden die Konsequenzen von Gottlosigkeit, Gesetzlosigkeit, von Sünde und Lüge in ihrer ganzen zerstörerischen Wirkungskraft voll entfaltet sein. Und bis dahin werden wir in Beziehungen immer wieder verletzt werden. Die Bibel lehrt uns ein göttliches Beziehungswiederherstellungs-Programm – Vergebung. Eine Strategie, die uns langfristig gesund erhält. Aber was passiert, wenn wir nicht vergeben und an der Rache festhalten?

Wenn wir an unserer Rache festhalten, machen wir uns damit abhängig von den Verantwortlichen, den Tätern, den Umständen, die uns Leid zugefügt haben. Diese Abhängigkeit hat zur Folge, dass wir uns hilfloser und handlungsunfähiger fühlen, was meist unsere ohnmächtige Wut noch verstärkt[47]. Aus schematherapeutischer Sicht werden wir verletzt (Kind-Modus) und schützen uns daraufhin (Bewältigung), indem wir uns in Rachegedanken vertiefen (Überkompensation/Vermeidung), uns in unserem Elend zurückziehen (Vermeiden) oder schulterzuckend erdulden, dass man mit uns so umgeht (Erdulden). Dass diese Bewältigungsstrategien uns weiter aus der Beziehung zu anderen, uns selbst und Gott wegführen und letztlich selbst zum Problem werden, haben wir nun wiederholt festgestellt.

Der biblische Weisheitsweg führt uns zur Vergebung. Wir können vergeben, wie uns vergeben worden ist. Vergeben heißt, das Recht auf Vergeltung aufzugeben, loszulassen und den gerechten Vaterhänden zu überlassen. Vergeben bewirkt, dass ich aus der hilflosen, von anderen abhängigen Opferrolle wieder zurück in meine Eigenverantwortung kommen kann. Vergebung ist aber nicht gleichzusetzen mit Versöhnung. Es bedeutet nicht, dass die Beziehung zwischen dem Opfer und dem Täter geklärt und bereinigt ist. Und es bedeutet auch nicht, dass ich mich erneut dem Täter aussetzen muss und meine Grenzen erneut übertreten lassen muss.

Um vergeben zu können, ist es wichtig, den »Tatbestand« der vorhandenen Schuld mit seinen emotionalen und anderen Folgen anzuerkennen und diesen anzuklagen. Wenn wir dem christlichen Reflex folgen und sogleich vergeben wollen, ohne die Folgen der Verletzung zu sehen, sind wir in Gefahr, eine Abkürzung zu nehmen, die uns überfordert. Wir tun dies manchmal sogar gern, weil wir damit den emotionalen Schmerz der Verletzung vermeiden können, es hilft uns aber nicht von den Verletzungen wirklich frei zu werden. Eine echte, saubere Anklage ist wichtig, um die Folgen der Schuld anzuerkennen und dann wirklich loslassen und Vergeben zu können[48].

Ich mache mit Patientinnen und Patienten wiederholt die Erfahrung, dass die anhaltende Schuldzuweisung an Täter, Eltern, Umstände oder auch

---

47 Ein Sprichwort eines unbekannten Autors, das die Folgen davon, nicht zu vergeben, schön auf den Punkt bringt: «holding on to anger is like drinking poison and expecting the other person to die« (an Rachegefühlen festhalten ist wie Gift zu trinken und zu erwarten, dass die andere Person daran stirbt.).

48 Robert Enright, einer der bekanntesten Vergebungsforscher, beschreibt in seinem 4-stufigen Vergebungsprozess als ersten Schritt »Die eigene Wut freilegen«. Was das konkret bedeutet und wie nächste Schritte aussehen können, wird in seinem Buch »Vergebung als Chance« sehr konkret und praktisch angeleitet: Enright, Robert D. Vergebung als Chance: neuen Mut fürs Leben finden. Huber, 2006.
Ein weiterer bekannter Vergebungsforscher ist Everett Worthington, der – wie Robert Enright auch – selbst im christlichen Glauben verwurzelt ist, und die Vergebung als psychologischen Prozess beschrieben und beforscht hat. Auch er hat die Wirksamkeit von Vergebung in vielen Studien zeigen können. Seine Arbeitsbücher sind hier verfügbar (auf Englisch):
http://www.evworthington-forgiveness.com (abgerufen am 23.07.2025)

an sich selbst letztlich in eine immer tiefer gehende Unselbständigkeit und Abhängigkeit führen kann. Je mehr ich andere dafür verantwortlich mache, wie es mir geht, desto weniger übernehme ich selbst Verantwortung für mich selbst. Dies macht mich aber immer unselbständiger, unsicherer, hilfloser und ohnmächtiger. Hier ist es hilfreich, dem Bedürfnis nach Autonomie zu begegnen und selbst wieder für mich Verantwortung zu übernehmen, die Rache loszulassen und mich angemessen vor weiteren Verletzungen zu schützen. Interessanterweise befürchten viele, dass sie weiteren Verletzungen Tür und Tor öffnen, wenn sie vergeben. Dies zeigt sich in der Forschung und Erfahrung jedoch nicht. Wenn ich einen echten Vergebungsprozess durchlebe (wie von Robert Enright oder Everett Worthington beschrieben und beforscht), setze ich mich auch damit auseinander, dass die Tat nicht in Ordnung war, dass niemand das Recht hat, meine Grenzen zu verletzen und werde darin gestärkt, für mich einzustehen.

Wenn wir vergeben, wie uns vergeben worden ist, können wir ein Leben in Freiheit leben – frei von Rache, frei vom negativen Einfluss anderer, frei, für uns selbst einzustehen und eigenverantwortlich zu handeln. Die Möglichkeit, nicht mehr andere für mein Leben verantwortlich zu machen, sondern selbst für mich einzustehen, ist die Chance, die uns Vergebung bringt – es geht nicht nur um den anderen, dem ich vergebe, sondern vielmehr auch um mich, dass ich wieder frei sein kann, das Steuer meines Lebens selbst in die Hand zu nehmen[49].

Vergeben heißt nicht, Schlimmes gutzuheißen, es heißt auch nicht, es ungeschehen zu machen oder Tätern erneut vertrauen zu müssen, es heißt, dass wir die Rache loslassen, die uns nicht gehört und die letztlich auch nur eine langfristig schädliche Bewältigungsstrategie ist.

Die wissenschaftliche Studienlage zur Vergebungsforschung zeigt klar, dass Vergebung wirksam, hilfreich und auf verschiedenen Ebenen heilsam ist. Ängste und Depressionen werden weniger stark ausgeprägt, der Schlaf verbessert sich und sogar Blutdruck- und Cholesterolwerte wurden tiefer

49 Hier empfehle ich ein weiteres Buch, welches aus der Hausgemeindebewegung heraus entstanden ist und in jüngerschaftlichen Beziehungen ein kraftvolles Instrument darstellt, um nicht nur aus der Opferrolle herauszukommen, sondern auch zu sehen, wo man aufgrund der erlebten Verletzungen selbst zum Täter geworden ist: Gmür, Marco. Der Kreislauf der Erneuerung. In der Weid, 2011. Zugehöriges Webtool: https://kde.inderweidverlag.ch/#/ (abgerufen am 23.07.2025)

nach Vergebung. Deshalb dürfen wir Vergebung[50] mutig empfehlen, sogar Menschen, denen Schreckliches angetan wurde[51]. Vergebung als Lebensstil ist an Bedeutung kaum zu überschätzen.

Lass dich nicht vom Bösen überwinden,
sondern überwinde das Böse mit Gutem.
(Röm 12,21 LUT)

---

50 Auf der Webseite von Robert Enright werden verschiedene Quellen zitiert, wo die oben genannten Effekte von Vergebung nachgelesen werden können: https://internationalforgiveness.com/why-forgive-2/ (abgerufen am 23.07.2025)

51 Eine der ersten Studien über eine Vergebungs-Intervention wurde bei 12 weiblichen Inzestopfern durchgeführt und konnte erstaunliche Ergebnisse zeigen: Alle Teilnehmerinnen waren in der Lage zu vergeben (!) und es hatte auf alle involvierten psychologischen Systeme (Gefühle, Denken, Verhalten gegenüber Täter) eine positive Wirkung. Depressionen und Ängste reduzierten sich. Einzelne Frauen waren nach langjähriger mittelgradiger depressiver Symptomatik nach der Intervention nur noch leicht oder gar nicht mehr depressiv, was auch 1 Jahr danach noch stabil war. Und keine Teilnehmerin zeigte negative Effekte aufgrund von Vergebung (Freedman, S. R., & Enright, R. D. (1996). Forgiveness as an intervention goal with incest survivors. Journal of consulting and clinical psychology, 64(5), 983.).

Teil 3: Heilsame Beziehungen

3.1 LIEBE MUSS ERLEBBAR SEIN

In Teil 2 habe ich erläutert, welche Entsprechungen die Begriffe der Schematherapie im christlichen Kontext haben können und wie unsere Vorstellungen von Gott, der Liebe, dem Gesetz und dem Sinn unseres Lebens durch unsere Prägung – biographisch oder auch gesellschaftlich – eine Gestalt annehmen können, die letztlich nicht mehr biblisch haltbar ist. Nun wollen wir entdecken, wie die heilsame und hilfreiche Botschaft der Liebe Gottes konkret erlebt werden kann.

Kognitionen allein – unser Wissen über den Gott der Bibel und seine Liebe zu uns – verändern uns erfahrungsgemäß nur bedingt. Um alte neuronale Muster neu zu bahnen und uns neu prägen zu lassen, helfen Beziehungserlebnisse, aktive Emotionen und Erinnerungen, um in Folge auch unser Verhalten ändern zu können.

Es hilft oft wenig, von der Liebe Gottes zu wissen, wenn wir sie nicht auch erleben. Stellen wir uns eine junge Frau vor, die während ihres gesamten bisherigen Lebens gehört und verinnerlicht hat, dass sie ungeliebt, abgelehnt, wertlos und störend sei. Bei ihr wird die reine Information darüber, dass es einen Gott gibt, der sie bedingungslos liebt, der sie annimmt wie sie ist, der immer da ist für sie und der ihr unschätzbaren Wert zuschreibt, möglicherweise Hoffnung und Interesse wecken, aber damit sind – in aller Regel – die tiefen Schemata, die eingebrannten Lebenslügen, noch nicht nachhaltig verändert. Was ihr dabei helfen kann, sind heilsame Beziehungen – das Erleben der bedingungslosen Vaterliebe Gottes, der Liebe und Annahme von Menschen und den Schritt zu wagen sich selbst anzunehmen.

Ebenso wird eine Frau, deren Mann ihr zwar sagt, dass er sie liebt, sein Verhalten aber das Gegenteil zeigt, seiner Aussage wenig Glauben schenken können. Liebe lebt nicht von »schönen Worten«, sondern man muss sie spüren und erleben.

Die gesamten Gesetze der Bibel werden von Jesus zusammengefasst in dem Doppel- bzw. Dreifachgebot der Liebe:

Du sollst den Herrn, deinen Gott, lieben mit deinem ganzen Herzen und mit deiner ganzen Seele und mit deiner ganzen Kraft und mit deinem ganzen Denken, und deinen Nächsten wie dich selbst!
(Luk 10,27 SCHL)

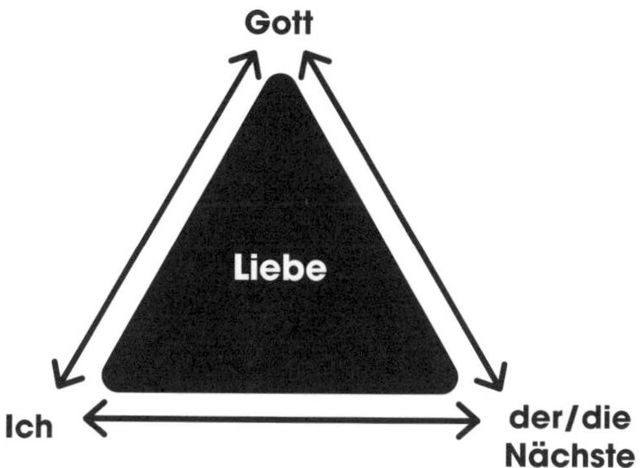

Das wichtigste Gebot – Das Gesetz der Liebe

Es geht um dieses wundersame Dreieck der Liebe zwischen Gott, mir selbst und meinem Nächsten. Und darüber steht die Dreiecksbeziehung der Liebe von Vater, Sohn und dem Heiligen Geist, die uns teilhaben lassen an ihrer von göttlicher Liebe geprägten ewigen Gemeinschaft. Wir dürfen Gottes Liebe erleben und einander mit derselben Liebe und Annahme begegnen.

Deshalb nehmt einander auf, wie auch der Christus euch aufgenommen hat, zu Gottes Herrlichkeit!
(Röm 15,7 ELB)

Die Liebe, die wir untereinander haben, hat auch Auswirkung und Ausstrahlung nach außen, ja man wird Christen daran erkennen, wie sie Beziehungen zueinander leben.

Ein neues Gebot gebe ich euch, dass ihr einander lieben sollt, damit, wie ich euch geliebt habe, auch ihr einander liebt. Daran wird jedermann erkennen, dass ihr meine Jünger seid, wenn ihr Liebe untereinander habt.
(Joh 13,34–35 SCHL)

Die Bibel geht also sowohl von einer erlebten als auch einer gelebten Liebe aus, welche ihren Ursprung in Gott hat und die wir als seine Kinder weitergeben dürfen. Analog zur Schematherapie – Bewältigungsstrategien werden überflüssig, wenn die Grundbedürfnisse gestillt sind und der innere Kritiker begrenzt ist – lesen wir auch, dass wir von Gott zuerst geliebt sind und wir uns in sein Ebenbild hinein verwandeln dürfen. Wir kommen zum Schluss, dass wir Sünde nicht mehr »brauchen«, wenn wir in ihm völlig angenommen, gesehen und gestillt sind. Zudem wird durch Jesus unser Kritiker liebevoll, aber mit klaren Worten zum Schweigen gebracht – Lügen dürfen keinen Raum mehr haben. Unser Kampf ist nicht gegen Fleisch und Blut, sondern gegen diese Art von Gedankengebäuden, die die Lügen des Feindes beherbergen[52].

Wie diese Liebe nun in der Beziehung zu Gott, zu andern und zu mir selbst erlebt werden kann, werde ich in den folgenden Kapiteln skizzieren.

3.2 HEILUNG DURCH GOTTES LIEBE

Für mich wurde der inhaltliche Zusammenhang zwischen der Schematheorie und den biblischen Wahrheiten immer deutlicher greifbar beim Lesen von drei Büchern von Greg Boyd; *Escaping the Matrix, Seeing is believing und Present Perfect.* Jedem, der gerne Bücher auf Englisch liest, kann ich diese »Weisheits-Trilogie« von ganzem Herzen empfehlen! Ich möchte die relevanten Inhalte im Folgenden zusammenfassen.

52 Nach 2. Kor 10.3–4

Befreit vom Lügen-Gefängnis

Gott, hilf mir, die Wahrheit über mich zu glauben,
wie schön sie auch sein mag.[53]

»Selbsterkenntnis ist der erste Schritt zur Besserung« sagt man etwas spöttisch im Volksmund. Und tatsächlich verbirgt sich in diesem Satz die tiefe Wahrheit, dass wir erst durch die Identifizierung der uns prägenden Lügen die Wahrheit als Alternative annehmen können. Greg Boyd nimmt zusammen mit Al Larson im Buch »Escaping the Matrix«[54] die »Matrix«-Filme als Allegorie, als Gleichnis für unsere Prägung. Als Neo, die Hauptfigur im Film, sich dazu entscheidet, die blaue Pille einzunehmen und damit die Realität außerhalb der Matrix zu sehen, ist nichts mehr wie zuvor. Er erkennt, dass seine gesamte bislang als echt erlebte Welt überhaupt nicht mit der Realität übereinstimmt. Während er bislang geglaubt hatte, ein »normales Leben« zu führen, stellt er nun fest, dass all das nur in seiner Vorstellung vorgespielt war, um seinen Lebenswillen zu stärken. In der Realität liegt er schlafend in einer Art Badewanne und seine Lebensenergie dient Maschinen mit künstlicher Intelligenz als Energiequelle. Als Neo nun sieht, dass die Realität völlig anders ist als erwartet, kann er gezielt in den Kampf ziehen.

Dieses Gleichnis ist nicht allzu weit hergeholt, wenn wir bedenken, welche neuronalen Netzwerke durch unsere biographische Prägung entstanden sind und wie diese »inneren Filme« heute bei teilweise kleinsten Anlässen wieder ablaufen können. So wenig Ähnlichkeit die »Matrix« mit der Realität hat, so wenig hat manchmal die aktuelle Situation mit den aktivierten Gedanken, Gefühlen und Erinnerungen zu tun. Zuerst müssen wir die Prägung, unsere Lebenslügen – eben die Schemata – identifizieren, erst dann können wir etwas dagegen unternehmen. Solange jemand davon überzeugt ist, dass alle Menschen ihn ablehnen, wird er die Wahrheit, dass jemand ihn annimmt, wie er ist, kaum sehen können.

Ich erlebe es immer wieder als hilfreich, wenn die Lebenslügen (Aussagen des Kritikers) – so hässlich und gemein sie auch sind – konkret

53 Aus: Crabb, Lawrence J. Connecting: Das Heilungspotential der Gemeinschaft; ein radikal neuer Ansatz, die Kraftquellen Gottes zu entdecken. Brunnen-Verlag, 2001.

54 Boyd, Gregory A., Al Larson. Escaping the Matrix: Setting your Mind free to experience real life in Christ. Baker Books, 2005.

benannt werden. Dann unterziehen wir diese konkreten Aussagen einer biblischen Prüfung und stellen die göttlichen Wahrheiten dagegen. In der untenstehenden Tabelle sind beispielhaft zwei Aussagen aufgeführt.

Lebenslügen - Aussage des Kritikers	**Göttliche Wahrheit**
»Du bist wertlos und niemand mag Dich.«	Ich bin wunderbar gemacht (Psalm 139, 14), für Gott unschätzbar wertvoll (z. B. 1. Kor 7,23) und er liebt mich so sehr, dass er für mich seinen Sohn gegeben hat (z. B. Joh 3,16).
»Du kannst nichts. Niemand braucht Dich.«	Gott hat mir besondere Gaben gegeben (konkret: ...) (Eph 4,7), ich bin wichtig im Leib Christi und habe eine Aufgabe (1. Kor 12,12ff). Gott hat mich geschaffen wie ich bin, er braucht mich so wie er mich gedacht hat.

Neu geboren werden

Während die Wiedergeburt – wie eine natürliche Geburt auch – zu einem spezifischen Zeitpunkt stattfindet, ist der Prozess des Wachsens in Christus – wie beim Wachstum von natürlichen Kindern auch – ein Weg mit vielen Schritten. Wir haben sogleich einen neuen Geist, auf den die gesamten Aussagen der Bibel zutreffen, jedoch müssen und dürfen wir uns immer wieder dazu entscheiden, dass unsere Seele diese Wahrheiten auch kennenlernt.

So redet die Bibel zum Beispiel davon, dass wir den »neuen Menschen anziehen sollen« (Eph 4,24), unsere Gedanken auf das richten sollen, was wahr ist (Phil 4,8) und was vor uns liegt (Phil 3,13) und dass »Fleisch« und »Geist« immer wieder miteinander ringen (Gal 5,17). Es scheint also normal zu sein, dass man Zeit braucht, um die göttlichen Wahrheiten zu verinnerlichen, um von Wissen und Glauben hin zu einem tiefen Bewusstsein und Erleben zu gelangen. Umso wichtiger ist es, dass wir uns in unserer neuen Identität als Kinder Gottes ebenso prägen lassen, wie wir dies zuvor – oft auch auf teilweise ungute Art – durch jahrelange Prägung erlebt haben. Es geht um ein Umdenken, eine Erneuerung des Denkens (griechisch Metanoia, μετάνοια – eine Veränderung des Sinnes, des Verstandes), wie sie auch im Römerbrief gemeint ist:

Und passt euch nicht diesem Weltlauf an, sondern lasst euch in eurem Wesen verwandeln durch die Erneuerung eures Sinnes (μετάνοια), damit ihr prüfen könnt, was der gute und wohlgefällige und vollkommene Wille Gottes ist. (Röm 12,2 SCHL)

Wir dürfen uns also immer wieder von göttlich-biblischen Aussagen überführen lassen, um so die liebevollen Wahrheiten zu verinnerlichen und unseren Verstand immer wieder daran zu erinnern, dass nun andere Wahrheiten als die bislang geltenden zählen.

Als Anmerkung hierzu sei gesagt, dass wir manchmal derart in unserer »Matrix« gefangen sind, dass wir auch biblische Wahrheiten durch die Gläser unserer Schema-Brillen sehen, sodass liebevoll gemeinte Aussagen in unserer schemaverzerrten Wahrnehmung uns noch mehr unter Druck setzen können. Da kann es sinnvoll sein, biblische Gegenargumente gemeinsam mit jemand anderem zu suchen, der in diesen Punkten eine weniger stark eingefärbte Sicht hat.

Auswendig gelernte Bibelworte sind viel wert. Wenn ich ein Bibelwort mit meinem Herzen kenne (Englisch »to know by heart« – auswendig wissen), kann mir dies helfen, auch in schemaaktivierten Zuständen vielleicht doch auf die verzerrte Wahrnehmung der Realität aufmerksam zu werden. Deshalb ermutige ich dazu, entsprechende Bibelstellen nicht nur aufzuschreiben und den Lügen entgegenzustellen, sondern auch so zu verinnerlichen, dass man sie ohne Nachschlagen in der Bibel im Herzen präsent hat[55].

Greg Boyd und Al Larson beschreiben in ihrem Buch auch die von ihnen entwickelte Behandlungsform »TNT – Theosynergistic Neuro-Transformation«, in der sie durch das Erleben von Gottes Gegenwart und Wahrheit die Wirkung von belastenden, traumatischen Ereignissen auf das heutige Erleben verändern. Diese Herangehensweise ist der schematherapeutischen Methode des imagery rescripting (imaginatives Überschreiben, siehe auch Seite 53: »Imaginationsübungen – die Kraft von inneren Bildern«) sehr ähnlich.

Schemaaktivierung im Zaum halten

Wer sich mit neurobiologischen Abläufen oder auch nur schon Stressreaktionen beschäftigt, kommt an der Amygdala, dem Mandelkern, nicht vorbei. Die Amygdala ist eine Hirnstruktur, welche bei Stressreaktionen die ganzen Abläufe und die Ausschüttung der Hormone dirigiert. Wenn sie aktiviert ist, wird – vereinfacht gesagt – unsere vernünftig denkende Hirnrinde ausgeschaltet und wir funktionieren im Kampf- oder Flucht-Modus. Die Amygdala stellt sicher, dass wir im Fall einer Gefahr dazu fähig sind, angemessen zu reagieren – eben zu kämpfen oder zu flüchten. Während es im Angesicht eines Tigers Sinn machen mag, dass wir eine starke Ausschüttung von Stresshormonen haben, Blut in unsere Muskeln pumpen und bereit sind zu fliehen, ist dies bei Aktivierung vergangener

55 Als mögliche Inspiration können hier auch unsere Gebetskarten dienen: Heilsame Gebete – Zur Stärkung von Achtsamkeit, Selbstmitgefühl und innerer Versöhnung, L. Hersberger und A. M. Walker, mosaicstones (2025)

Erlebnisse oder eben Schemaaktivierungen nicht sehr hilfreich. Es ist gut zu wissen, dass die Stresshormone nach rund 20 Minuten wieder mehrheitlich abgebaut sind und wir dann unser Großhirn wieder besser gebrauchen und vernünftiger denken können. Bei voller Aktivierung der Amygdala ist ein willentliches Gegensteuern kaum möglich. Wenn man aber zu Beginn einer Aktivierung merkt, dass man in eine Stressreaktion gerät, gibt es hilfreiche Strategien, wie man die Amygdala »zurückpfeifen« kann. Sue Krautkramer, professionelle Beraterin seit vielen Jahren, hat in einer Predigt[56] eine einfache Methode dargestellt. Wenn man merkt, dass ein Schema aktiv wird und man in den Strudel eines alten Filmes gerät, kann man drei Schritte tun:

1. Die beginnende Aktivierung wahrnehmen und sich innerlich oder gegebenenfalls auch laut sagen »Stopp, Luca« (natürlich mit dem jeweiligen Vornamen der betreffenden Person).
2. Tief ausatmen – dies aktiviert den Parasympathikus (den für Erholung und Verdauung verantwortlichen Teil unseres vegetativen Nervensystems), wodurch man auch auf Neurotransmitter-Ebene der beginnenden Sympathikusaktivierung (fight and flight) Gegengewicht gibt.
3. Sich in der Wahrheit, in Jesus verankern. Den Lügen die Wahrheit entgegenstellen und sich bewusstmachen, dass man in Jesus wertvoll, angenommen, geliebt, wunderbar gemacht oder nie alleine ist – je nach typischer Schemaaktivierung möglichst die Wahrheiten wählen, die den Schema-Lügen widersprechen.

Ich finde die beschriebene Strategie sinnvoll und hilfreich, wobei es wohl nur funktioniert, wenn man schon bei beginnender Anflutung reagieren und intervenieren kann. Dies zu erkennen erfordert Übung und funktioniert manchmal erst mit der Zeit. Wenn eine ausgewachsene Schemaaktivierung unser Frontalhirn vorübergehend in seiner Funktion hemmt und auf biologische Grundfunktionen zurückgreift, dürfen wir immerhin wissen, dass nach rund 20 Minuten auch dieser Zustand wieder vorübergeht und uns dann unsere Vernunft wieder zur Verfügung steht.

56 »Brain Reign«, Woodland Hills Church Brain Reign Comments. https://whchurch.org/sermon/brain-reign/?highlight=brain reign (abgerufen am 23.07.2025).

Eine weitere hilfreiche Strategie stellt die Arbeit im emotionalen Resonanzraum dar, welche auf Seite 59 »Arbeit im emotionalen Resonanzraum« vorgestellt wurde und auf Seite 135 »Achtsamkeit und Glaube« nochmals aufgegriffen wird.

Gott mit anderen Augen sehen

In »Escaping the Matrix« und noch ausführlicher in »Seeing is believing«[57] gehen die Autoren ganz konkret auf imaginative Gebetsformen ein und erklären, wie die geprägten Lügen aktiv in Gottes Gegenwart zur Wahrheit umgeformt werden können. Darauf möchte ich im Folgenden näher eingehen.

Kirchengeschichtlicher Hintergrund

Nachdem ich zunächst in einem eher konservativ-evangelikalen Frömmigkeitsstil sozialisiert war, war es für mich eine erstaunliche Entdeckung, welch reiche und bewährte christliche Traditionen es im Bereich von Kontemplation[58] und imaginativen[59] Gebetsformen gibt, die mir bis dahin fast gänzlich unbekannt waren. Durch meine fachliche Überzeugung und Erfahrung als Psychiater, dass imaginative Techniken wirksam und heilsam sein können, lernte ich, dass diese Übungen auch tief in christlichen Traditionen verankert sind. Es gibt biblisch begründete und teilweise seit Jahrtausenden angewandte Wege, mit denen die Beziehung zu Gott konkret erlebbar werden kann. Die evangelikal-reformierten Kreise setzten sich möglicherweise in der Vergangenheit etwas zu radikal von ihren katholischen Wurzeln ab, wo Begriffe wie Exerzitien[60] oder kontemplative Gebets- und Lebensformen geläufiger sind. Luther schien bewusst alles irgendwie mystisch Erscheinende aus seiner christlichen Lehre entfernen

57 Boyd, Gregory A. Seeing is believing: Experience Jesus through imaginative prayer. Baker Books, 2004.

58 Kontemplation: wörtl. Betrachtung; meint einen besinnlichen Lebensstil, Leben im Bewusstsein der Gegenwart Gottes (siehe auch Seite 127: Lectio Divina).

59 Imagination: von lat. »imago»=Bild; meint Vorstellungskraft, Arbeit mit inneren Bildern, anschaulichem Vorstellen.

60 Exerzitien: geistliche Übungen, die zu einer intensiven Besinnung und Begegnung mit Gott führen sollen.

zu wollen, womit er aber teilweise das Kind mit dem Bade ausgeschüttet hat. Diese Traditionen bergen aus meiner Sicht viel Reichtum.

Gerade im Hinblick auf das Erleben der Liebe Gottes nehme ich bei vielen Christen eine große Sehnsucht wahr, wobei es meist nicht am theologischen Wissen um die Liebe Gottes mangelt. Aber das kognitive Wissen allein verhilft uns – wie wir dies auch früher schon gesehen haben – oft nicht zu dem Erleben, das uns innerlich verändern kann. Manche behaupten sogar, dass das innere Erleben von Gottes Liebe in unserem »inneren Heiligtum« (the inner sanctum, unser »Herz«) unbedingt notwendig ist, um eine lebendige und erfüllte Beziehung zu Gott haben zu können. Wenn dieses Erleben nun durch theoretisch-theologische Gründe untersagt wird, ist die logische Folge eine große Leere in unserem Innern. Und dieser Leere begegne ich in den verschiedensten christlichen Kreisen leider nur allzu oft.

Bei Themen wie Exerzitien, Kontemplation oder imaginativen Gebetsformen ist sicherlich ein Mann von zentraler Bedeutung – Ignatius von Loyola, der Begründer des Jesuiten-Ordens. Man erzählt sich, dass Ignatius – verwundet von der Schlacht – der Erholung bedurfte und ihm kein anderes Buch zugänglich war als die Bibel. Er habe sich dann beim Lesen innerlich bildhaft vorgestellt, was er las und fand dies in der Folge spannender als seine zuvor bevorzugten Ritterromanzen. Dadurch kam er dazu, seine Lebensweise zu überdenken. Er schrieb daraufhin die weit bekannten Exerzitien, »geistliche Übungen«, welche über verschiedene – unter anderem imaginative – Wege in eine tiefere Gottesbeziehung hineinführen sollen.

Eine andere Quelle der Inspiration stellen die Karmeliter dar. Der Karmeliter-Orden, der auf den kontemplativen Lebensstil ausgerichtet ist, wurde 1150 n. Chr. am Fuß des Berges Karmel gegründet. Große Namen wie Teresa von Ávila, Johannes vom Kreuz, Thérèse von Lisieux, aber auch Bruder Lorenz von der Auferstehung, der mit seinem Buch »Leben in der Gegenwart Gottes« ein Klassiker der christlichen Literatur erschaffen hat, sind mit diesem Orden verbunden. Zu den einzelnen Personen und ihren Werken rege ich zum Selbststudium an und möchte hier ein paar ihrer Aussagen zu unserem Thema für sich selbst sprechen lassen:

Die meisten Menschen ahnen nicht, was Gott aus ihnen machen könnte, wenn sie sich ihm nur zur Verfügung stellen würden.
(Ignatius von Loyola)

Hätte ich früher erkannt, dass der winzige Palast meiner Seele einen so großen König beherbergt, dann hätte ich ihn nicht so häufig allein gelassen.
(Teresa von Ávila)

Alle Schwierigkeiten im Gebet können zurückverfolgt werden auf eine Ursache: zu beten, als wäre Gott abwesend.
(Teresa von Ávila)

Das Gebet ist meiner Ansicht nach nichts anderes als ein Gespräch mit einem Freund, mit dem wir oft und gern allein zusammenkommen, um mit ihm zu reden, weil er uns liebt.
(Teresa von Ávila)

Ich stelle mich vor Gott und bitte ihn, er möge in meinem Inneren sein vollkommenes Bildnis formen und mich ihm ganz gleich machen.
(Bruder Lorenz)
Die heiligste, gewöhnlichste und nötigste Übung im geistlichen Leben ist die Wahrnehmung der Gegenwart Gottes.
(Bruder Lorenz)

Vor allem das Evangelium spricht mich während meiner inneren Gebete an; in ihm finde ich alles, was meiner armen Seele Not tut. Ich entdecke darin stets neue Einsichten, verborgene, geheimnisvolle Sinngehalte.
(Thérèse von Lisieux)

Wenn uns Verzweiflung überkommt, liegt es gewöhnlich daran, dass wir zu viel an die Vergangenheit und die Zukunft denken.
(Thérèse von Lisieux)

Imaginatives Gebet – den Herrn vor Augen haben

Nicht das Vielwissen sättigt die Seele und gibt ihr Befriedigung, sondern das innere Schauen und Verkosten der Dinge.
(Ignatius von Loyola)

Greg Boyd nimmt in seinem Buch »Seeing Is Believing: Experience Jesus Through Imaginative Prayer« Bezug zu oben genannten kirchengeschichtlichen Hintergründen und beschreibt darauf aufbauend ganz konkret, wie man sich eine biblisch fundierte innere Begegnung mit Gott vorstellen kann. Die zentrale Bibelstelle zu dem Thema ist die Folgende:

Ja, wir alle sehen mit unverhülltem Gesicht die Herrlichkeit des Herrn. Wir sehen sie wie in einem Spiegel, und indem wir das Ebenbild des Herrn anschauen, wird unser ganzes Wesen so umgestaltet, dass wir ihm immer ähnlicher werden und immer mehr Anteil an seiner Herrlichkeit bekommen. Diese Umgestaltung ist das Werk des Herrn; sie ist das Werk seines Geistes.
(2. Kor 3,18 NGÜ)

In seinem Buch berichtet Greg Boyd aus vielen Erfahrungen mit sich und andern, wie diese Form des imaginativen Gebets geübt wird. Ich schätze diese Form des imaginativen Gebets für mich persönlich und leite sie auch in diversen Kontexten (Gottesdienste, Jüngerschaften, Workshops, Psychotherapie) immer wieder an.

In einer verdichteten Form möchte ich diese Anleitung hier wiedergeben, natürlich ohne direkt auf alle dabei auftauchenden Fragen eingehen zu können.

Grundsätzlich gehen wir davon aus, dass die biblischen Wahrheiten uns dann am meisten verändern können, wenn wir sie erleben. Deshalb nehmen wir – wie dies auch von Paulus erwähnt und quer durch die Bibel von vielen Autoren bestätigt wird – das innere Erleben, das Blicken auf Jesus als Ausgangslage und Ermutigung, die Wahrheit nicht nur zu glauben, sondern auch zu »schauen«.

Die Psalmisten berichten immer wieder, dass ihre Augen auf Gott gerichtet sind[61]. Oft wird die Begegnung und Führung durch Gott mit einem inneren Erleben beschrieben[62]. Die lebendige Beziehung zu Gott wird als das zentrale Element unseres Lebens, unseres Glaubens und des Lebenssinnes beschrieben. Deshalb ist es mehr als gerechtfertigt, wenn wir diese lebendige Beziehung und diese innere Begegnung mit Gott auch aktiv suchen.

Die Frage, ob wir uns dies alles »einbilden« oder tatsächlich eine Gotteserfahrung machen, wird in dem Kontext immer wieder gestellt und ist schwierig allgemein zu beantworten.[63] Ich gehe von der biblischen Zusage aus, dass Gott uns nah sein möchte (z. B. Ps 145,18), dass er sich finden lässt (z. B. Luk 11,10) und dass seine Liebe uns immer umgibt (z. B. Mt 28,10; 1. Kor 13,8). Die innere Bühne, die wir mit unserer Vorstellungskraft gestalten, dient als Ausgangspunkt für eine Begegnung mit Jesus. Die innere Gotteserfahrung geht dann gemäß meiner Überzeugung und Erfahrung oft über das hinaus, was wir als »reine Einbildung« einordnen würden. Oft sind die Aussagen von Jesus fast wörtlich so in der Bibel wiederzufinden, haben aber durch die direkte innere Begegnung eine persönlichere, konkretere und heilsamere Wirkung als das nüchterne Lesen eines Bibeltextes. Ich glaube es ist hilfreich, sich die Rahmenbedingungen (die »innere Bühne«) innerlich auszumalen, mit allen Sinnen zu erfassen und dann offen zu sein für eine lebendige Begegnung mit Gott.

61 Z. B. Ich habe den Herrn allezeit vor Augen (Psalm 16.8a SCHL). Siehe auch Psalm 25,15, Psalm 123,1–2, Psalm 141,8.

62 Z. B.: Paulus wird geführt auf seinen Missionsreisen, Petrus hat eine Vision (Apg 10), Johannes hat eine »Offenbarung« (Offb 1–22), u. v. m.

63 In »Seeing is believing« bietet Greg Boyd auf viele solche Fragen hilfreiche Antworten.

Übung imaginatives Gebet

Konkret empfehle ich, sich gemütlich hinzusetzen (man kann die Übung aber auch während eines Spaziergangs machen), die Augen zu schließen und sich innerlich einen Ort vorzustellen, den man kennt oder den man sich ausmalt, der vom Frieden Gottes und seiner Nähe geprägt ist. Diesen Ort darf man mit allen Sinnen versuchen wahrzunehmen, also sich umsehen, was es zu entdecken gibt, hören, welche Geräusche an die (Herzens-)Ohren dringen, riechen und schmecken, wie der Ort duftet und auch spüren, in welcher Verfassung man selbst an diesen Ort kommt. Manchmal erlebe ich mich als zuversichtlichen Erwachsenen voller Tatendrang, manchmal auch als kleinen traurigen Jungen, der sich übergangen fühlt oder trotzig-impulsiv um sein Recht kämpft.

Wenn ich diesen Ort mit allen Sinnen wahrgenommen habe, stelle ich mir vor, dass ich dort Jesus begegne. Ich persönlich finde es hilfreich, wenn ich mir zwei Sitzgelegenheiten vorstelle, wo Jesus und ich nun Platz nehmen. Dabei ist das Aussehen von Jesus weniger wichtig als sein Wesen, welches in der Bibel sehr genau beschrieben ist und unbedingt damit übereinstimmen soll. Die Bibel, und dabei insbesondere die Evangelien dienen der wichtigen Qualitätsprüfung des erlebten inneren Bildes von Jesus. Manchmal wird auch da erst deutlich, wie sehr mein Gottesbild von dem biblischen und von mir eigentlich geglaubten Gottesbild abweicht. Manchmal haben wir zu Beginn Mühe, uns Jesus vorzustellen, obwohl wir ihn eigentlich gut kennen und sein Wesen uns in der Bibel sehr genau beschrieben wird. Wenn das innere Bild von der biblischen Beschreibung abweicht, kann ich innerlich-imaginativ das Bild von Jesus so umformen, dass er den biblischen Merkmalen entspricht. Das hört sich schwieriger an als es ist. Wir haben Einfluss auf unsere inneren Bilder. Ich kann mir zum Beispiel eine Zitrone auf einem Teller vorstellen und diese dann aktiv in zwei Stücke schneiden. So wie ich dies tatsächlich innerlich sehen und erleben kann, ist es auch möglich, das Wesen von Jesus in Übereinstimmung mit der von mir geglaubten Wahrheit zu bringen. Allein diese Umformung kann schon sehr aufschlussreich und heilsam sein. Dann kann man sich vorstellen, wie man Jesus auf dieser inneren Bühne tatsächlich begegnet. Manchmal mit

Reden, Schweigen, einer Umarmung oder freundschaftlichem Knuffen, mit Spazieren, Tanzen, Hüpfen oder einfach nur dem Genießen seiner Gegenwart. Oft sagt Jesus in dieser imaginativen Begegnung Dinge, die man auch in der Bibel so lesen könnte. Diese Wahrheiten direkt und persönlich zu erleben, macht den großen Unterschied.

Das Aufsuchen dieser inneren Begegnung mit Jesus, mit dem Vater oder vielleicht sogar dem Heiligen Geist, steht uns jederzeit zur Verfügung und kann Erstaunliches bewirken. Ich rechne damit, dass Gott durch diese Begegnungen, quasi auf unserer inneren Bühne, tatsächlich zu uns redet, dabei erlebe ich oft auch Führung, Ermutigung, teilweise auch prophetisches Reden oder innere Heilung.

Ich möchte Mut machen, diese Möglichkeit der Gottesbegegnung zu suchen, zu üben und zu nutzen[64].

Bilder, mit denen sich Gott selbst beschreibt

Einige Christen sind durchs Bilderverbot (2. Mose 20,4) gehemmt, sich ein inneres Bild von Gott zu machen. Dort geht es jedoch primär ums Verehren dieser Bilder, wovon ich auch in oben genanntem Beispiel klar Abstand nehmen möchte. Es geht nicht darum, dass wir die inneren Bilder anbeten, sondern dass wir dadurch einen inneren Weg finden, dem lebendigen Gott zu begegnen.

Und wenn wir die Bibel selbst anschauen, sehen wir dort ganz viele verschiedene Bilder, die Gott von sich selbst gibt. Er zeigt sich z. B. als Vater (Mt 6,9), als Burg (Ps 46,8), als Hirte (Ps 23), als Quelle (Ps 36,10), als Weg (Joh 14,6), als Weinstock (Joh 15,1), als Fels (Ps 62,3), als Bräutigam (Lk 5,34) und als Freund (Joh 15,13). Dabei zeigen die einzelnen Bilder jeweils nicht das ganze Wesen von Gott, sondern betonen einen Aspekt oder Wesenszug von ihm. Trotzdem sind sie richtig und gültig. In dem Kontext ist es mir ein großes Anliegen wiederum zu sehen, dass Jesus nicht irgendein Bild von Gott, sondern DAS Abbild seines Vaters ist.

64 In einer Predigt durfte ich – begleitet von schönen Klängen im Hintergrund – ein imaginatives Gebet anleiten. Wer Baseldeutsch versteht, ist herzlich eingeladen, sich die Aufnahme dieser Predigt – oder nur des Übungsteils – anzuhören: http://www.heilsamebeziehungen.com/ressourcen.html (abgerufen am 23.07.2025)

Er (Jesus) ist das vollkommene Abbild von Gottes Herrlichkeit,
der unverfälschte Ausdruck seines Wesens.
(Hebr 1,3 NGÜ)

Dieser ist das Ebenbild des unsichtbaren Gottes,
der Erstgeborene, der über aller Schöpfung ist.
(Kol 1,15 SCHL)

Denn in ihm (Jesus) wohnt die ganze Fülle der Gottheit leibhaftig.
(Kol 2,9 SCHL)

Also repräsentiert Jesus, wie er in den Evangelien beschrieben ist, in seinem Wesen vollkommen den Charakter Gottes. Jesus hat eine Liebe gezeigt, die dem Nächsten unendlich viel Wert zuschreibt, sich auf das Gegenüber einlässt, sich aufopfert, sich selbst demütigt und dabei niemals Gewalt gegen Menschen anwendet. Und so ist auch Gott Vater. Wenn sich in unseren inneren Bildern etwas Anderes zeigt, dürfen wir dies mit der Autorität der Bibel als Lüge einordnen und zu einem Bild umformen, das dem Wesen Gottes entspricht, wie wir es aus der Bibel verstehen können.

Nebst oben genanntem Buch von Greg Boyd möchte ich an dieser Stelle einmal auch ein auf Deutsch übersetztes Buch von Brad Jersak empfehlen, der darin ebenfalls über das Wahrnehmen von Gottes Stimme und das Erleben seiner Gegenwart viele hilfreiche und konkrete Vorschläge gibt. Das Buch heißt »Kannst du mich hören? Auf Empfang sein, wenn Gott redet«[65]. Davon gibt es eine Ausgabe für Kinder »Kinder, könnt ihr mich hören? Gott hören und sehen«[66], welche ebenfalls sehr (vor-)lesenswert ist. Kinder haben oft einen viel unverkrampfteren und natürlicheren Zugang zu inneren Bildern und dem Erleben von Gottes Gegenwart als wir Erwachsene. Meist erleben Kinder solche inneren Begegnungen mit Gott auch spontan und es ist schön, wenn wir Erwachsenen eine Offenheit für dieses wertvolle Erleben haben. Es ist erstaunlich, wie leicht Kinder die Anregungen in oben genanntem Buch umsetzen können und es lohnt sich, ihnen dies früh

---

65 Jersak, Brad. Kannst du mich hören? Auf Empfang sein, wenn Gott redet. Asaph, 2012.

66 Jersak, Brad. Kinder, könnt ihr mich hören? Gott hören und sehen. Asaph, 2007.

nahezubringen. Für die Erwachsenen, die den Kindern das Buch vorlesen, ist es ebenfalls bereichernd.

Lectio Divina – »göttliche Lesung«

Die Lectio Divina (»göttliche Lesung«) ist eine Form des Bibellesens, die einzeln oder in der Gruppe ausgeübt werden kann. Dabei steht vor allem die Frage im Vordergrund, was Gott uns durch die gelesene Passage hier und heute sagen möchte. Die Tradition geht auf die Wüstenväter[67] zurück und wurde Anfang des zweiten Jahrhunderts erstmals vom Kartäusermönch Guigo II in »Scala claustralium«[68] als Lectio Divina beschrieben.

Die Lectio Divina beinhaltet vier Schritte, die ineinander übergehen und sich gegenseitig ergänzen: lectio (Lesung), meditatio (Nachsinnen), oratio (Gebet) und contemplatio (Kontemplation; das bewusste, wortlose Verweilen in Gottes Gegenwart).

Es gibt verschiedene konkrete Möglichkeiten, wie diese vier Schritte allein oder in einer Gruppe umgesetzt werden können. Grundsätzlich geht man immer von einer Lectio Continua, einem anhaltenden Studium der Bibel, aus. Für den Anfang sind die Evangelien oder die Psalmen besonders empfehlenswert. Dabei nimmt man einen Text mit etwa fünf bis zehn Versen und liest ihn in folgender Weise:

67 Frühchristliche Mönche, die ab dem 3. Jahrhundert nach Christus in den Wüsten von Syrien und Ägypten einzeln oder in Gruppen ein zurückgezogenes Leben, geprägt von Askese, Gebet und Arbeit, führten.

68 Guigo, der Kartäuser. Scala Claustralium: Die Leiter der Mönche zu Gott: Eine Hinführung zur Lectio Divina. Nordhausen: Bautz, 2010.

Lectio Divina	Inhalt
1. Lectio (Lesung)	Lesen des Textes mit der Frage, »welchen Teil dieses Textes (ein Wort, Satz, Satzteil) willst Du, Gott, mir heute wichtig machen?«
2. Meditatio (Nachsinnen)	Ein erneutes Lesen des Textes und ein Nachdenken über die Frage »was willst Du, Gott, mir mit diesem Textteil persönlich sagen?«
3. Oratio (Gebet)	Erneutes Lesen und anschließendes Beten, in dem die vorangegangenen aufgetretenen Gedanken und Inhalte mit Gott besprochen werden und Dank formuliert wird.
4. Contemplatio (Kontemplation)	Das bewusste und wortlose Verweilen in Gottes Gegenwart.

Durch das wiederholte Lesen des Textes gewinnt der Text an Tiefe und an persönlicher Bedeutung.

»Bibelteilen«

Eine weitere Form des gemeinsamen Bibellesens in einer kleineren Gruppe (bis ca. 10–15 Leute) ist die sogenannte Vigan-Methode[69] der Lectio Divina. Die ersten drei der oben genannten Schritte werden als »Text« – »Wort« – »Antwort« zusammengefasst und führen zu einem neuen Wahrnehmen der Inhalte und der Gegenwart Gottes. Eine kurze Anleitung, welche sich für dieses gemeinsame Bibellesen, auch Bibelteilen genannt, sehr eignet, zeigt die nächste Tabelle.

Einige Voraussetzungen, die dabei beachtet werden sollten: Wichtig ist das Freisein von Lärm – und somit ein Raum, wo man nicht gestört wird. Ebenso wichtig ist das Freisein von Stress – und somit das Vorhandensein von genügend Zeit. Erfahrungsgemäß braucht eine 5-köpfige Gruppe für ein Gespräch nach dieser Methode etwa 45 bis 60 Minuten. Die Teilnehmenden setzen sich in einen offenen Kreis (nicht um einen Tisch), um die anderen nicht nur hören, sondern auch sehen zu können. Eine brennende Kerze in der Mitte ist zur Erinnerung daran, dass Christus das Wort Gottes und das Licht der Welt ist (Joh 1,1.9; 8,12; 12,46) und unter den in seinem Namen Versammelten gegenwärtig ist (Mt 18,20).

---

69 Feldkämper, Ludger. »Sharing Personal Faith. The Practice of Bible-Sharing.« New Theology Review 15.1 (2002): 5–13.

Vigan-Methode	gemeinsames Bibellesen, Bibelteilen
1. Text	Erster Kontakt mit dem Text als noch »totem Buchstaben« (vgl. 2. Kor 3,6) • Vorlesen des Textes; alle hören zu oder lesen mit. • Schweigen: alle lesen den Text noch einmal langsam und merken sich dabei ein ihnen auffallendes Wort, eine Wendung oder einen Vers. • Mitteilen dieser Textstelle.
2. Wort	Der tote Buchstabe wird zum lebendigen Wort für mich • Vorlesen: alle hören noch einmal zu oder lesen den Text mit. • Schweigen unter der Frage: Was willst du, Gott, mir ganz persönlich für mein konkretes Leben sagen? • Was den Einzelnen wichtig wurde, wird mitgeteilt.
3. Antwort	Das Wort verlangt nach einer Antwort • Vorlesen: Noch einmal hören alle zu oder lesen mit. • Schweigen und dabei nach einer Gebetsantwort auf das Gehörte suchen. • Die Gebetsantwort wird laut vor den anderen ausgesprochen und evtl. mit deren »Amen« bekräftigt.

Durch die wiederholten Momente des Schweigens, Hörens und Nachdenkens wird der Inhalt des Bibeltextes auf eine andere Art wahrgenommen als dies bei reinem Lesen der Fall ist. Damit kann die Wahrheit, direkt durch das Wort Gottes, konkret erlebt werden.

An dieser Stelle möchte ich ein Buch empfehlen, in dem der Jesuit und Psychologe John J. Cecero die vier Schritte der Lectio Divina mit den schematherapeutischen Interventionen vergleicht und dabei eine integrative Arbeit schreibt. Sein Buch, »Praying Through Our Lifetraps – A Psycho-Spiritual Path to Freedom«[70] ist eines der ersten Bücher, das zur Integration von Schematherapie und christlichem Glauben beigetragen hat.

70 Cecero, John J., Jeffrey E. Young. Praying through our Lifetraps: A Psycho-spiritual Path to Freedom. Resurrection Press, 2002.

Eine weitere Empfehlung ist »Opening to God: Lectio Divina and Life as Prayer«[71] vom bekannten amerikanischen, christlichen Psychologen David Benner, der darin die Bedeutung von Gebet ausweitet und beschreibt, wie wir die Beziehung zu Gott im Alltag konkret leben können. Ein Weisheits-Buch, das viele Kostbarkeiten beinhaltet.

Ruhegebet

Eine weitere Methode, zentrale biblische Wahrheiten zu erleben oder sogar zu »atmen«, ist das Ruhegebet. Dabei wird eine biblische Kernwahrheit so verinnerlicht und mit etwas Übung auch mit dem Rhythmus von Atmung und Herzschlag verbunden, dass diese Wahrheit mit Atmung und Puls sozusagen selbständig weitergebetet wird, auch wenn wir dies nicht mehr aktiv tun. Diese Tradition stammt ursprünglich auch von den Wüstenvätern. Johannes Cassian (360–435 n. Chr.) soll als erster die Vorform des Herzensgebets, das Ruhegebet, beschrieben haben. Auch da geht es um eine zentrale Aussage oder auch nur ein Wort, wie z. B. »Mein Gott und mein alles«, worüber regelmäßig meditiert wird.

71 Benner, David G. Opening to God. Lectio Divina and Life as Prayer. InterVarsity Press, 2010.

Ruhegebet	nach Johannes Cassian (360-435 n. Chr.)
2x täglich, jeweils ca. 20–30 Minuten in Ruhe einen der folgenden Inhalte innerlich bewegen	
möglicher Inhalt:	Komm, Gott, und hilf mir
	Jesus, Messias, Sohn Gottes
	Mein Gott und mein alles
	Dein Wille geschehe
	Herr Jesus Christus
	Jesus Christus
	Kyrie eleison (Herr, erbarme dich)
	Jesus Liebe
	Maranatha (Herr, komm)
	Immanuel
	Christos
	Adonai
	Jesus
	Abba

Zeitgenössische Autoren wie Peter Dyckhoff[72] greifen die Praxis von Cassian erneut auf und machen so alte Weisheiten neu zugänglich.

72 Dyckhoff, Peter. Einübung ins Ruhegebet: eine christliche Praxis nach Johannes Cassian. Don Bosco Medien, 2006.

Herzensgebet

Aus dem Ruhegebet soll später das Herzensgebet, Jesusgebet oder auch das immerwährende Gebet entstanden sein, welches insbesondere in der östlich-orthodoxen Kirche weite Verbreitung gefunden hat. Die Aufforderung von Paulus im ersten Brief an die Thessalonicher *(Betet ohne Unterlass! 1. Thess 5,17 SCHL)* wird dabei zum Anlass genommen, einen Weg zum immerwährenden Gebet zu suchen. Es gibt verschiedene Varianten des Gebets, eine typische Formulierung lautet »Herr Jesus Christus, Sohn Gottes, erbarme Dich meiner (des Sünders)«.

Traditionell, wie dies im Buch »Aufrichtige Erzählungen eines russischen Pilgers«[73] beschrieben steht, wird das Herzensgebet in drei Schritten erlernt, was mehrere Jahre der Übung erfordern kann:

73 Jungclaussen, Emmanuel, ed. Aufrichtige Erzählungen eines russischen Pilgers: die vollständige Ausgabe. Herder, 1993.

Einübung Herzensgebet	
Gebetstext: »(Herr) Jesus Christus, (Sohn Gottes,) erbarme Dich meiner (des Sünders)«.	
1. häufiges mündliches Rezitieren	z. B. 3x30 Gebete pro Tag; ursprünglich 3'000–6'000–12'000 pro Tag – sooft wie möglich
2. innerliches Beten Achten auf Atmung und Herzschlag (nur mit geistlichem Begleiter empfohlen)	Einatmen auf »Jesus Christus« – Ausatmen auf »erbarme Dich meiner!« Mit jedem Herzschlag: »Jesus«-»Christus«-»erbarme«-»Dich«-»meiner«.
3. selbständiges, fast unbewusstes Beten	Im Rhythmus von Atmung und Herzschlag

Franz Jalics[74] und Emmanuel Jungclaussen[75] haben aktuelle Bücher darüber geschrieben, wie wir uns diese überlieferten Wege auch heute zu eigen machen können.

Interessanterweise knüpft hier eine sehr alte christliche Tradition an hochmoderne psychotherapeutische Elemente an – oder umgekehrt, je nach Blickpunkt. Mit dem Wahrnehmen von Atmung und Herzschlag, dem Richten der Aufmerksamkeit auf das Hier und Jetzt, der Achtsamkeit in jedem Moment werden Trends in der Psychotherapie beschrieben, in denen das Zulassen, das Wahrnehmen und das Sein in der Gegenwart auch aktiv geübt werden. Die uralte Tradition des Herzensgebets macht dies schon lange und verknüpft das Wahrnehmen der Atmung zusätzlich mit einer biblischen Wahrheit.

»The past is history, the future is a mystery, only present is eternity«[76] – das Leben im aktuellen Moment, das »Unterwerfen der Gedanken« in jedem Moment unter die Autorität Jesu, ist etwas, was wir uns in unserer multimedialen Welt voller Ablenkung, voller Geschichten (Vergangenheit) und Träume (Zukunft) immer wieder aktiv erarbeiten müssen. Wir können uns nur im Hier und Jetzt der Gegenwart Gottes bewusst sein. Das dritte Buch von Greg Boyd »Present Perfect« nimmt genau diese Thematik auf.

Achtsamkeit und Glaube

Denn obwohl wir im Fleisch wandeln, kämpfen wir nicht nach dem Fleisch; denn die Waffen unseres Kampfes sind nicht fleischlich, sondern mächtig für Gott zur Zerstörung von Festungen; so zerstören wir überspitzte Gedankengebäude und jede Höhe, die sich gegen die Erkenntnis Gottes erhebt, <u>und nehmen jeden Gedanken gefangen unter den Gehorsam Christi.</u>
(2. Kor 10,3–5 ELB)

74 Jalics, Franz. Kontemplative Exerzitien: eine Einführung in die kontemplative Lebenshaltung und in das Jesusgebet. Echter, 1994.

75 Jungclaussen, Emmanuel. Unterweisung im Herzensgebet. EOS-Verlag, 1999.

76 In Deutsch etwa: »Die Vergangenheit ist Geschichte, die Zukunft ist ein Geheimnis, nur in der Gegenwart liegt die Ewigkeit.«
Zitat aus Novello, Joseph R. The myth of more: and other lifetraps that sabotage the happiness you deserve. Paulist Press, 2001.

In »Present Perfect«[77] nimmt Greg Boyd den Vers aus dem zweiten Korintherbrief zum Anlass, die Beziehung zum Vater und das Leben in der Gegenwart Gottes näher zu beschreiben. Dabei scheint es nicht nur darum zu gehen, dass unser Leben durch die Bekehrung oder Wiedergeburt gerettet ist, sondern dass wir (fortwährend) jeden Gedanken »gefangen nehmen« dürfen unter die Autorität von Jesus. Es geht also um eine anhaltende, lebendige Beziehung, nicht nur um eine Einzelsituation, die die Ewigkeit verändert. Auch hier helfen immer wieder Brücken aus unserem Alltag, um die Gegenwart Gottes wahrzunehmen.

Eine hilfreiche Übung besteht darin, sich auf einen Stuhl zu setzen und ganz bewusst zu spüren, wie der Körper vom Stuhl und die Füße vom Boden getragen werden. Nachdem man dies achtsam wahrgenommen hat, kann man es mit der Wahrheit verbinden, dass wir – so wie unser Körper vom Stuhl getragen und gestützt wird – immer umgeben sind von der Vaterliebe Gottes[78]. Diese Übung kann man auch beim Gehen anwenden, wo man das Getragenwerden durch den Boden in Beziehung setzen kann zum Getragensein von Gott in jedem Moment unseres Alltags.

Ein Klassiker der christlichen Literatur entsprang der Feder von Bruder Lorenz, der in seinem Buch »In Gottes Gegenwart leben«[79] beschreibt, wie er durch das Wahrnehmen der Gegenwart Gottes in jedem Moment seines Tages Kraft schöpfte in der für ihn eher unangenehmen Tätigkeit in der Küche eines Karmeliter-Klosters. Auch David Benner erweitert im oben bereits erwähnten Buch »Opening to God: Lectio Divina and Life as Prayer«[80] die Bedeutung von Gebet und beschreibt das Leben im Bewusstsein der Gegenwart Gottes als Gebet.

Oft wird Achtsamkeit mit der Definition von Jon Kabat-Zinn in Verbindung gebracht, dem Begründer der achtsamkeitsbasierten Stressreduktion (MBSR: mindfulness-based stress reduction).

77 Boyd, Gregory A. Present Perfect: Finding God in the Now. Zondervan, 2010.

78 Mein Lieblingszitat aus einem tiefgründigen und dicht geschriebenen Buch von Richard Rohr: *Christus ist immer der Kommende; Gott ist immer gegenwärtig. Wir sind es, die abwesend sind!*
Rohr, Richard. Ganz da, einfach und kontemplativ leben. Claudius, 2018.

79 Herman, Nicolas (der bürgerlicher Name von Bruder Lorenz). *All meine Gedanken sind bei dir: In Gottes Gegenwart leben.* Ed. Reinhard Deichgräber. Neufeld Verlag, 2007.

80 Benner, David G. Opening to God: Lectio Divina and Life as Prayer. InterVarsity Press, 2010.

Achtsamkeit: (gemäß Jon Kabat-Zinn)	Achtsamkeit bedeutet, auf eine bestimmte Weise aufmerksam zu sein: bewusst, im gegenwärtigen Augenblick und ohne zu urteilen. Diese Art der Aufmerksamkeit steigert das Gewahrsein und fördert die Klarheit sowie die Fähigkeit, die Realität des gegenwärtigen Augenblicks zu akzeptieren.[81]

In der Psychotherapie ist Achtsamkeit ein Trend geworden und verschiedenste Therapieformen integrieren die Anwendung von Achtsamkeitsübungen in ihre jeweilige Methode. Unter Achtsamkeit versteht man die Haltung, das Erleben des aktuellen Moments bewusst und nicht wertend wahrzunehmen. Dabei kann die Aufmerksamkeit nach innen (Körperempfindungen, Gefühle, Gedanken) oder nach außen (Umgebung, welche mit den 5 Sinnen aufgenommen werden kann) gerichtet werden. Sie ermöglicht es uns, die aktuellen Wahrnehmungen zu erfahren und sie so zu akzeptieren, wie sie sind, ganz im Hier und Jetzt zu leben. Interessanterweise zeigen Studien, dass diese Form der Selbstwahrnehmung zu einer verbesserten Empathie, also der Fähigkeit anderen Menschen einfühlsam zu begegnen, führt.

Achtsamkeit hilft aber nicht nur zur Empathie gegenüber Mitmenschen, sondern verleiht auch den eigenen Körperempfindungen ihr Daseinsrecht. Gerade für Menschen, die alles mit ihrem Verstand lösen wollen, ist sie eine wichtige Ergänzung, die in einem Heilungsprozess eine zentrale Rolle einnehmen kann. Wenn ich darauf achte, welche Körperempfindungen im aktuellen Moment wahrnehmbar sind, stelle ich z. B. einen Druck auf meiner Brust fest, oder dass sich mein Magen anfühlt, als werde er wie ein Lappen ausgewrungen. Diese Empfindungen, die sich bei Sorgen, Ärger etc. einstellen, versuchen viele Menschen zu unterdrücken, da sie unangenehm sind. Paradoxerweise lässt die Intensität dieser Empfindungen aber genau dann nach, wenn ich sie eine Zeit lang echt zulasse und sie fühle. Dabei ist wichtig, sie nicht zu bewerten, sondern nur anzuerkennen, dass sie da sind. Wie wir bei der Arbeit im emotionalen Resonanzraum gesehen haben, zeigen die im Körper ausgelösten Empfindungen die Aktivierung unseres Alarmsystems an. Dieses wird aktiv, auch wenn wir in Wirklichkeit gar nicht bedroht sind, sondern »getrost« sein dürfen.

81 Kabat-Zinn, Jon, Theo Kierdorf. Im Alltag Ruhe finden. München: Knaur MensSana Taschenbuch, 2015.

Das habe ich mit euch geredet, damit ihr in mir Frieden habt.
In der Welt habt ihr Angst; aber seid getrost,
ich habe die Welt überwunden.
(Joh 16,33 LUT)

Wenn ich diese Empfindungen zulasse und liebevoll wahrnehme, kann ich mich von den unheilvollen Verkettungen mit Bewertungen (auch des inneren Kritikers), Bewältigungsstrategien und Vermeidung der Empfindungen lösen. Weil ich heute bei Schemaaktivierungen nicht in Lebensgefahr bin, kann ich es mir leisten, den »Fehlalarm« auf Körperebene zu beobachten. Dadurch kann sich das System beruhigen und mein Handlungsspielraum verbreitert sich wieder. Sich eine solche Achtsamkeit anzutrainieren braucht aber etwas Übung. Diese liebevolle Haltung gegenüber eigenen Impulsen und Verhaltensweisen (die aus der Alarm-Aktivierung resultieren) kann dazu führen, dass wir uns selbst und andere besser annehmen, weil wir unnötige Handlungsimpulse und unheilsame Bewältigungsstrategien als Teil dieses Alarmsystems einordnen können.

Tatsächlich ist das Richten der Aufmerksamkeit auf das aktuelle Sinneserleben etwas Altbekanntes. Wie schon beim Herzensgebet beschrieben, wurde von den Wüstenvätern schon die Wahrnehmung der Atmung und des Herzschlags mit göttlichen Wahrheiten verbunden.

Vielleicht bedarf es aber einer Wiederentdeckung in der heutigen schnelllebigen, abgelenkten Zeit voller multimedialer Inputs. Michael Winterhoff, ein deutscher Kinder- und Jugendpsychiater und Autor mehrerer Bücher, hat in seinem Buch »Lasst Kinder wieder Kinder sein! Oder: Die Rückkehr zur Intuition.«[82] auf eine fast prophetisch-eindringliche Weise dazu aufgerufen, dass wir wieder in die Ruhe, auch in die Ruhe in der Kirche, kommen sollen. Wir sind nicht dazu erschaffen, von unseren Smartphones ständig über alle aktuellen Katastrophen auf der ganzen Welt informiert zu werden und diese zu verarbeiten. Wir sind geschaffen, um in der Ruhe, in der Gegenwart Gottes zu verweilen, daraus Kraft zu schöpfen und von da aus den nächsten Schritt zu gehen. Eine Botschaft, die wir heute dringend brauchen. Allzu oft sind wir abgelenkt oder im Hamsterrad

82 Winterhoff, Michael. Lasst Kinder wieder Kinder sein: Oder: Die Rückkehr zur Intuition. Gütersloher Verlagshaus, 2011.

gefangen, sind am Flüchten und am Kämpfen, wenn wir stattdessen einfach sein könnten – in Beziehung mit uns selbst, unserem Nächsten und mit Gott. Hier wird wiederum deutlich, wie sehr die biblischen Weisheiten aktuelle und »moderne« Trends unterstreichen. Die Bibel ermutigt uns immer wieder dazu, Dankbarkeit auszudrücken, das Gute weiterzuerzählen, sich aktiv zu freuen und Gott zu loben. Die tiefe und hilfreiche Wirkung dieses Richtens der Aufmerksamkeit auf das Gute mit einem beruhigenden, stressreduzierenden Effekt, kann man heute auch wissenschaftlich belegen. Umso mehr dürfen wir uns immer wieder den aktuellsten »Bad News« aus aller Welt entziehen und unsere Gedanken auf das richten, was wahr, gut und hilfreich ist, so wie uns dies auch Paulus im Jakobusbrief empfiehlt.

Und noch etwas, Geschwister: Richtet eure Gedanken ganz
auf die Dinge, die wahr und achtenswert, gerecht,
rein und unanstößig sind und allgemeine Zustimmung verdienen;
beschäftigt euch mit dem, was vorbildlich ist und zu Recht gelobt wird.
(Phil 4,8 NGÜ)

Das Alarmsystem ins Leere laufen lassen

Denn ich bin gewiss, dass weder Tod noch Leben,
weder Engel noch Fürstentümer noch Gewalten,
weder Gegenwärtiges noch Zukünftiges, weder Hohes noch Tiefes,
noch irgend ein anderes Geschöpf uns zu scheiden vermag
von der Liebe Gottes, die in Christus Jesus ist, unserem Herrn.
(Röm 8,38–39 SCHL)

Wenn wir Paulus' Worte an dieser Stelle auf uns wirken lassen, öffnet sich uns eine Realität, die eine neue Dimension im Abenteuer Glauben zulässt. Es gibt nichts, was uns trennen kann von der Liebe Gottes, nicht einmal der Tod. Hier kommen zwei hochrelevante Themen zusammen, die uns oft unbewusst antreiben und unsere Handlungen prägen. Die Suche nach einer tiefen Annahme und bedingungslosen Liebe einerseits und die Angst vor dem Tod auf der anderen Seite. Wie im Kapitel über den emotionalen Resonanzraum beschrieben, ist unser Alarmsystem geprägt von unseren Erfahrungen und möchte uns auch heute vor jeder Bedrohung und Todesgefahr warnen. Unser Streben, unsere Leistungen, unsere Ängste und Konflikte, unsere gesamten Bewältigungsstrategien und die Lügen des Kritikers dienen letztlich dazu, unsere Alarmreaktion zu aktivieren und uns vor der Gefahr zu schützen – einer Todesgefahr, die in dem Sinn heute meist nicht mehr real ist.[83] Wenn ich aufgrund einer kritischen Bemerkung eines Arbeitskollegen derart innerlich in Bedrängnis komme, dass ich mich selbst völlig in Frage stelle (innerer Kritiker), mich unzulänglich fühle (Lebenslüge bzw. Schema »Unzulänglichkeit«), mich daraufhin bei der Arbeit aufopfere mit Überstunden (»Aufopferung«) und mich in der Freizeit in übermäßigen Konsum von Alkohol flüchte (Bewältigungsstrategie Vermeiden / distanzierter Selbstberuhiger), wird deutlich, wie sehr wir heute vielmehr unter den Folgen dieses (Fehl-)Alarms leiden als unter der realen Lebensgefahr.

Mit der »Arbeit im emotionalen Resonanzraum« lernen wir, dass wir uns heute den »Luxus« leisten können, die Alarmreaktion auf körperlicher Ebene achtsam zu beobachten und ablaufen zu lassen, ohne in die

83 Richard Beck hat in seinem Buch »Slavery of death« beschrieben, wie wir von unserer Angst vor dem Tod getrieben sind und eine Vielzahl an Strategien fahren, um diese Angst irgendwie zu bekämpfen. Beck, Richard A. Slavery Of Death. Cascade Books, 2013.

Handlungszwänge der Alarmreaktion einsteigen zu müssen. Durch die liebevolle Aufmerksamkeit, die wir diesen Abläufen schenken, wird unser emotionales Grundbedürfnis danach, liebevoll gesehenn zu werden, gestillt. Dies funktioniert nach etwas Übung erstaunlich gut und wir können wieder mehr Handlungsspielraum gewinnen, indem wir die Alarmreaktion ablaufen lassen, sie erleben und wahrnehmen.

Angst klopfte an. Vertrauen öffnete. Keiner war draußen.
(Aus China)

Nichts soll dich beunruhigen; nichts ängstige dich.
Wer Gott hat, dem fehlt nichts. Gott allein genügt.
(Teresa von Ávila)

Diese Übung gibt uns auf praktischer Ebene die Gelegenheit, die Aussage von Paulus direkt umzusetzen. Wir sind in der aktuellen Aktivierungssituation nicht nur frei von Bedrohung, sondern wir sind jederzeit auch bedingungslos geliebt von Gott. Die vollkommene Liebe treibt die Furcht aus (nach 1. Joh 4,18).

Es gibt zwei grundlegende motivierende Kräfte: Angst und Liebe.
Wenn wir Angst haben, ziehen wir uns aus dem Leben zurück.
(John Lennon)

Das Wissen um unser natürliches Alarmsystem, das uns in tatsächlicher Lebensgefahr unser Überleben sichert, gibt mir mehr Verständnis für meine heutigen Aktivierungszustände und die Freiheit, bei ausbleibender Lebensgefahr die Alarmreaktion ins Leere laufen zu lassen – achtsam und liebevoll beobachtend, wie die ausgeschütteten Hormone zu unterschiedlichen Körperempfindungen führen, im Wissen, dass mein Leben nicht in Gefahr ist. Wenn ich mein Vertrauen auf Gott richten kann und selbst in schwierigen Situationen weiß, dass mich eigentlich gar nichts mehr wirklich bedrohen kann, erhalte ich die Freiheit, mit vollem Handlungsspielraum Gott nachzufolgen. Selbst der Tod kann mich nicht trennen von der Liebe des Vaters! Göttliche Wahrheit, die frei macht und ein psychotherapeutisches Werkzeug, das die Brücke zwischen Wissen und Erleben schlägt.

Weitere Möglichkeiten, die Beziehung zu Gott zu erleben

Viele Wege sind verbreitet

Ich persönlich finde die weiter oben beschriebenen Übungen zu imaginativem Gebet und Lectio Divina sehr wertvoll, je nach Typ und Hintergrund sind aber andere Strategien hilfreich, um die Liebe Gottes erlebbar werden zu lassen.

Letztlich gibt es unerdenklich viele Möglichkeiten, wie wir im Alltag an biblische Wahrheiten anknüpfen und uns der Gegenwart Gottes bewusst werden können. Solche Erinnerungsbrücken können Bibelworte auf einer Karte, eine Aufschrift auf dem Spiegel, der Glockenschlag einer Kirche (ursprünglich ja auch dafür gedacht!), ein Lied, ein Tanz, ein Theater, ein Bild, ein Spaziergang in der Natur, eine innerlich erlebte biblische Geschichte (im Sinne von »Bibliolog«) und vieles mehr sein.

Auch die Anbetung Gottes beim Singen von Liedern und Psalmen ist hilfreich, um Heilung, Trost und die Nähe Gottes zu erleben. Dabei hält man sich beim Singen von geistlichen Liedern bewusst Wahrheiten vor Augen und spricht diese aktiv aus. Ich glaube zudem, dass die Anbetung Gottes – gerade auch während schwierigen Zeiten – eine Wirkung auf Körper, Geist und Seele hat, die über das Richten der Aufmerksamkeit auf hilfreiche Wahrheiten hinausgeht.

Auch beim Hören von (geistlichen) Liedern wird in uns oft etwas angeregt, was weiter wirkt. Romane oder Biographien zu lesen kann ebenfalls ein Weg sein, Gott oder biblische Wahrheiten näher kennenzulernen.

Wenn wir füreinander beten, einander segnen, die Hände auflegen, vielleicht ein Wort der Erkenntnis weitergeben oder um Heilung bitten, werden wir oft innerlich berührt. Auch die Begegnung mit anderen Christen und deren Freundlichkeit darf immer wieder als direkter Liebesbeweis von Gott verstanden und erlebt werden.

Erfahrbare Beziehung zu Gott konkretisiert sich in der Bibel in einer Person – dem Heiligen Geist. Er ist der Fürsprecher, der Beistand, er ist Gott in uns, wohnt in uns, beschenkt uns mit seinen Gaben und gibt uns die Möglichkeit, mit dem Vater in Beziehung zu treten – möglich gemacht durch das Werk von Jesus. Der Heilige Geist kann sich fein säuselnd bemerkbar machen oder auch mächtig und übernatürlich in uns und durch uns wirken. Für viele ist das Wirken des Heiligen Geistes oft unerwartet oder manchmal auch unerklärbar, wie dies z. B. an Pfingsten in der Bibel beschrieben wird. Sich zu öffnen für das Wirken des Heiligen Geistes kommt der erfahrbaren Beziehung zu Gott am nächsten. Paulus fordert uns dazu auf, dass wir »voll Geistes« werden (Gal 5,18b SCHL). Ein Leben, das erfüllt ist mit dem Heiligen Geist, ist geprägt von der Liebe Gottes und macht den Glauben zu einem Abenteuer, in dem Unerwartetes, Erstaunliches und Übernatürliches möglich werden.

Auch das bei Paulus verschiedentlich erwähnte und von ihm häufig praktizierte Sprachengebet, was für viele zu einem möglichst andauernden Kontakthalten mit Gott wird und auch innerlich und still ablaufen kann, kann eine sehr wertvolle Brücke sein, um die Beziehung und Verbindung zu Gott im Alltag leben und erleben zu können.

Individuelle Zugangswege zu Gott

Verschiedene Autoren haben auch von Person zu Person unterschiedliche Möglichkeiten beschrieben, wie die Beziehung zu Gott gesucht werden kann.

Bill Hybels, der Gründer und Leiter der Willow Creek Gemeinde, hat sieben Zugangswege benannt, die Menschen nutzen können, um die Beziehung zu Gott zu erleben: In Beziehungen, beim Dienen, über den kontemplativen Weg, über Aktivitäten, durch die Schöpfung und Natur, über den Intellekt (Bibelstudium) oder über Anbetung kann die Nähe zu Gott gesucht und gefunden werden.

Ähnlich hat dies auch Gary Chapman in den fünf Sprachen der Liebe Gottes benannt. Wie auf Seite 168 »Bindung – 5 Sprachen der Liebe« beschrieben, hat er die Beobachtung, dass Menschen Liebe unterschiedlich ausdrücken und verstehen, in dem Modell der fünf

Liebessprachen zusammengefasst. Diese Sprachen (Anerkennung, Nähe, Zeit, Hilfsbereitschaft und Geschenke) lassen sich in zwischenmenschlichen Beziehungen, aber auch in der Beziehung zu Gott verstehen.

Wir können nun in der Beziehung zu Gott bewusst Wege beschreiten, die uns seine Liebe konkret erfahren lassen. Und natürlich kann Gott alle Sprachen sprechen, es liegt dabei aber auch an uns, seine Liebe so zu »begreifen«, wie wir sie am ehesten verstehen können.

In der folgenden Tabelle gebe ich einen kleinen Überblick, wie die fünf Liebessprachen in der Beziehung zu Gott verstanden werden können. Für ein vertieftes Studium empfehle ich das entsprechende Buch von Gary Chapman.[84]

Liebessprache	Beispiele in der Beziehung zu Gott
Anerkennung	Wort Gottes lesen und den Wert des Menschen anhand der Bibel verstehen. Lob, Lobpreis, Anbetung und Dankbarkeit aktiv üben. Biblisches Beispiel: König David
Nähe	Gottes Gegenwart spüren, Wirkung des Heiligen Geistes erleben, Gott mit dem Körper anbeten (Niederknien, Tanzen, ...), heilsame (innere) Berührung. Biblische Beispiele: Jakob (Ringen mit Gott), Mose (strahlendes Gesicht), Apostel (Händeauflegung bei Krankengebet)
Zeit	Zeit mit Gott verbringen; »Stille Zeit«, Gebet, Bibellesen, Spaziergänge mit Gott. Biblisches Beispiel: Abraham
Hilfsbereitschaft	Gott als »El Shaddai«, der Allmächtige; Befreiung aus Ägypten, Versorgung mit Wasser, Wachteln und Manna; Hilfe durch Wunder. Biblisches Beispiele: Martha, Paulus. Weitere: Mutter Teresa
Geschenke	Gott als Geber von guten Gaben; die Gaben des Heiligen Geistes, Sündenvergebung, das ewige Leben, Segen, Natur, Hoffnung und Mut als Geschenk. Biblisches Beispiel: Salomon

84 Chapman, Gary D. Die fünf Sprachen der Liebe Gottes. Giessen: Brunnen-Verlag, 2004.

3.3 HEILSAME GEMEINSCHAFT

Nachdem nun einige Anregungen zum Erleben heilsamer Liebe in der Beziehung zu Gott ausgeführt wurden, möchte ich im Folgenden den Fokus auf die zwischenmenschlichen Beziehungen richten.

Lukas, der Arzt, beschreibt uns in der Apostelgeschichte, wie die Beziehungen unter den ersten Christen funktionierten. Eindrücklich lesen wir vom Zusammenhalt in der neutestamentlichen Gemeinde:

Und die Menge der Gläubigen war ein Herz und eine Seele;
und auch nicht einer sagte, dass etwas von seinen Gütern
sein eigen sei, sondern alle Dinge waren ihnen gemeinsam.
Und mit großer Kraft legten die Apostel Zeugnis ab von der
Auferstehung des Herrn Jesus, und große Gnade war auf ihnen allen.
Es litt auch niemand unter ihnen Mangel; denn die, welche Besitzer
von Äckern oder Häusern waren, verkauften sie und brachten den
Erlös des Verkauften und legten ihn den Aposteln zu Füssen; und man
teilte jedem aus, so wie jemand bedürftig war.
(Apg 4,32–35 SCHL)

Und so wie die Gläubigen untereinander die materiellen Bedürfnisse stillten, dürfen wir einander auch emotional beistehen:

An eurer Liebe zueinander werden alle erkennen,
dass ihr meine Jünger seid.
(Joh 13,35 NGÜ)

Dieser besonderen Form der Beziehung unter Glaubensgeschwistern gebührt aus meiner Sicht in einer Zeit und Gesellschaft, in der Individualismus und Selbstverwirklichung zum »Savoir-vivre« gehören, besondere Aufmerksamkeit. Oft neigen wir mit unserer westlichen, aufgeklärt-individualistischen Brille dazu, die Aussagen der Bibel vor allem auf die Beziehung zwischen Gott und uns persönlich umzumünzen. »Ich und mein Jesus« wird zum Glaubensmotto einer Generation. Dabei übersehen wir manchmal, wie die biblischen Wahrheiten von einer Kultur ausgehen, die eher kollektivistisch denn individualistisch geprägt war. Die Bibel ist voll vom Gemeinschaftsgedanken, vom Verständnis der Gemeinde Christi als Leib und von hilfreichen zwischenmenschlichen Beziehungen, die in der Quelle unseres Lebens wurzeln, in Jesus Christus.

Denn der menschliche Körper ist eine Einheit und besteht doch aus vielen Teilen. Aber all die vielen Teile des Körpers bilden zusammen den einen Organismus. So ist es auch bei Christus. Denn wir alle sind durch den einen Geist in einen einzigen Leib eingegliedert und mit dem einen Geist getränkt worden: Juden und Nichtjuden, Sklaven und freie Bürger.
(1. Kor 12,12–14 NeÜ)

Wir sind ein Leib mit vielen Gliedern, in dem alle ihre Stärken[85], Gaben und Aufgaben haben und der als Ganzes leidet, wenn es einem Teil schlecht geht.

Wenn ein Glied leidet, leiden alle anderen mit; und wenn eins besonders geehrt wird, freuen sich die anderen mit.
(1. Kor 12,26 NeÜ)

Die natürliche und die geistliche Familie haben einen hohen Stellenwert, in der Bibel wird viel geschrieben über Vaterschaft, Mutterschaft und Jüngerschaft.

Ihr wisst ja, wie wir jeden einzelnen von euch ermahnt und ermutigt haben wie ein Vater seine Kinder.
(1. Thess 2,11 SCHL)

Besonders wichtig geworden sind mir in dem Zusammenhang die Bedeutung der Gemeinde, der Gemeinschaft als Ort der Annahme, der Heilung und

85 Meine Stärken zu kennen, zu wissen, wie ich gemacht bin, was mich ausmacht, wo ich »ganz in meinem Element« bin und in »Flow« komme, ist beflügelnd, ermutigend und gibt viel Elan. Dass wir dabei nicht alle gleich sein müssen, sondern einander mit unseren jeweiligen Stärken ergänzen können und damit Teile des Leibes Christi sein können, in dem sich jedes Organ entsprechend seiner Funktion einbringt, bringt Gemeinschaft und Teamarbeit auf eine kraftvolle neue Ebene. Es gibt verschiedene Stärkentests, die helfen, die individuellen Talente und Stärken zu identifizieren und zu fördern. Ich empfehle vor allem den Stärkentest der Positiven Psychologie (gratis unter http://www.viacharacter.org) oder den CliftonStrengths von Gallup.

der Multiplikation, sowie die jüngerschaftlichen Beziehungen von Mensch zu Mensch als Boden für gesundes geistliches und persönliches Wachstum.

Das Heilungs-Potential der Gemeinschaft

Ich glaube inzwischen, dass mangelnde Gemeinschaft die Wurzel all unserer persönlichen und seelischen Probleme ist. Uns fehlt das Connecting (die Verbindung) und so können wir kein Leben empfangen und nichts von unserem Leben an andere weitergeben. Ich bin überzeugt, wir können unsere Probleme am besten bewältigen und so werden, wie wir eigentlich gemeint sind, indem wir die Beziehung zu Gott und den Menschen in unserem Umfeld wiederherstellen.
(Dr. Lawrence J. Crabb)

Ein Buch über die Verbindung von Seelsorge, Therapie und Glaube zu schreiben und Larry Crabb nicht ebenfalls als wichtige Inspirationsquelle zu nennen, wäre für mich unvollständig. Als christlicher Psychologe hat Larry Crabb viel zur Integration von Therapie und Glaube beigetragen. Ein Buch, das in diesem Kontext besonders fasziniert und aufweckt, trägt den Titel »Connecting: das Heilungspotential der Gemeinschaft«[86]. Darin beschreibt er die zunehmende Tendenz, dass auch auch Christen und Christinnen immer mehr zu Fachleuten gehen, zu Ärztinnen und Ärzten, Psychiaterinnen und Psychiater und Psychotherapeutinnen und -therapeuten, wo es doch eigentlich die Grundaufgabe der Gemeinde wäre, ein Ort der Annahme, der Begegnung und der Beziehung zu sein. Die provokante und visionäre Hypothese von Crabb ist, dass viele der seelischen Leiden nicht primär einer psychotherapeutischen Behandlung, sondern eher einer echten, authentischen, anteilnehmenden Gemeinschaft unter Glaubensgeschwistern bedürfen.

Er schreibt: »Was unsere moderne Gesellschaft am meisten braucht, sind Gemeinschaften – echte Gemeinschaften, wo Gott zu Hause ist, wo

86 Crabb, Lawrence J. Connecting: das Heilungspotential der Gemeinschaft; ein radikal neuer Ansatz, die Kraftquellen Gottes zu entdecken. Brunnen-Verlag, 2001.

die Demütigen und Weisen lernen, denen, die ihnen folgen, den Weg zu zeigen, wo Menschen mit Problemen sich anderen anvertrauen können.«

Crabb als Meister seiner Zunft nennt auch einige Situationen und Erkrankungen, bei denen sicherlich professionelle Hilfe notwendig ist, jedoch kann und soll das Bedürfnis nach Zugehörigkeit, Annahme und Gemeinschaft in der überwiegenden Mehrzahl von Fällen vom Leib Christi, seiner Gemeinde gestillt werden. Und da ist jedes Glied aufgerufen, seine Aufgabe, seine Funktion wahrzunehmen. Jeder kann Anteil nehmen, Fragen stellen und zuhören.

Gemeinschaftliches Leben

Ich glaube nicht nur fest an das Heilungspotential der Gemeinschaft im Leib Christi, ich selbst habe mit meiner Frau und unseren vier Kindern auch über lange Jahre gemeinschaftlich mit anderen gewohnt.[87] Fast 10 Jahre wohnten wir im Gemeinschaftshaus Moosrain in Riehen als »erweiterte Familie«.

Oft ist gemeinschaftliches Leben intensiv, bereichernd und inspirierend für alle Beteiligten. Und darin erleben wir, wie sehr gegenseitige Anteilnahme, das Erkennen von beziehungsstörenden Bewältigungsstrategien, das Suchen der Gefühle dahinter und das Stillen der Bedürfnisse in echt gelebten Beziehungen zu Katalysatoren einer heilsamen Veränderung werden können. Echt sein in dieser Art von Beziehung führt dazu, dass ich mich echt angenommen fühlen darf. Wenn wir uns unsere Grenzen eingestehen und diese ehrlich kommunizieren können, hat unser Gegenüber die Möglichkeit, uns dort mit seinen Stärken und Gaben hilfreich zu unterstützen, was für beide Seiten eine Bereicherung ist. Wenn ich alles immer nur mit mir selbst ausmachen muss, überfordere ich nicht nur mich selbst, sondern halte auch andere auf Distanz. Gelebte christliche Gemeinschaft ist etwas vom Kostbarsten, Schönsten, Herausforderndsten und Heilsamsten, was Gott uns in seiner Schöpfung geschenkt hat!

87 Wer sich näher für gemeinschaftliches Leben interessiert, dem sei das Buch unserer lieben Moosrain-Weggefährten Thomas und Irene Widmer-Huber empfohlen, das sie gemeinsam mit Astrid Eichler zum Thema geschrieben haben:
Eichler, Astrid, Thomas Widmer-Huber, Irene Widmer-Huber. Es gibt was anderes! Gemeinschaftliches Leben für Singles und Familien. Witten: SCM R. Brockhaus, 2010.
Ein weiteres Gemeinschaftsbuch von Thomas Widmer-Huber:
Widmer-Huber, Thomas. Gemeinschaft leben. Ein Plädoyer für die Gründung neuer Gemeinschaften und die Stärkung der Ortsgemeinden. Schleife Verlag, 2019.

Ich glaube, dass gemeinschaftliches Leben uns die Möglichkeit schenkt, unsere Bewältigungsstrategien liebevoll, aber klar identifizieren zu können. Im täglichen Miteinander werden uns unsere Flucht- und Kampfmechanismen immer wieder deutlich vor Augen geführt. Damit erhalten wir die Grundlage, uns entscheiden zu können, andere Strategien auszuprobieren, uns echter zu zeigen und die nicht hilfreichen Bewältigungsstrategien abzulegen. Wenn wir unser Leben mit anderen teilen, können wir nicht unsere »Sonntagsmaske« ganzjährig tragen. Zwangsläufig werden Ecken und Kanten sowie unsere hilflosen Versuche, diese zu verbergen, sichtbar. Wenn wir untereinander aber eine Liebe und Annahme leben, wie wir sie von Gott erfahren haben, wagen wir es eher, die Masken abzulegen und uns so zu zeigen, wie wir wirklich sind. Und wie wir nun wiederholt gesehen haben – wenn Liebe und Annahme auf den verletzlichen Kind-Modus treffen, werden Wunden heil, können Schemata geschwächt und Lebenslügen gebrochen werden.

Wie wir im wichtigsten Gebot sehen, geht es Gott in erster Linie um Beziehung – Liebe Gott, deinen Nächsten und dich selbst. Und wie gelebte Liebe aussieht, hat uns Jesus gezeigt – in selbstloser Hingabe. Mit Nächstenliebe hat Jesus die Macht von Sünde, Tod und Teufel besiegt. Nächstenliebe ist die stärkste Kraft, die wir haben. Wir dürfen in dieser Kraft leben! Und das Spannende daran ist, dass es – entgegen unserer Ängste, Befürchtungen und Prägung – zu mehr Reichtum und Erfüllung führt. Geben ist seliger als Nehmen. Wenn wir weitergeben, kann Neues nachströmen. Wie bei einem Stufenbrunnen, der immer überfließt, geben wir von dem Überfluss weiter, den wir selbst erhalten. Wer nicht weitergibt, »kippt über« – wie ein Gewässer, das keinen Ausfluss hat. Und wenn wir eingebunden sind in dieser Art von gebender, segnender und echter Gemeinschaft, haben wir zusammen mehr Ressourcen und die Möglichkeit, gemeinsam die Welt zu verändern! Allein sind wir weniger wirksam, gemeinsam vermögen wir mehr. Lasst uns die Liebe des Vaters erleben, weitergeben und in die Welt hinaustragen! An unserer Liebe untereinander soll die Welt erkennen, dass wir Gottes Kinder sind! Ich ermutige dazu, sein Leben für andere zu öffnen und in unseren Beziehungen gemeinsam nach der Vaterliebe Gottes zu suchen.

In dem Zusammenhang möchte ich ein Wort an Führungspersonen und Menschen in Verantwortungspositionen richten. Ich glaube und erlebe, dass unser Wunsch nach Annahme uns immer wieder in die Versuchung führt, ein nach außen hin möglichst perfektes Bild von uns abgeben zu wollen. Dies führt dazu, dass wir in Beziehungen zu Menschen, die uns anvertraut sind, einerseits unsere Schwächen überspielen oder vertuschen wollen und andererseits immer wieder überschätzt und damit auch überfordert werden. Dabei ist es in Wahrheit immer wieder sehr heilsam, wenn Leiter selbst echt, spürbar und nahbar sind und sich verletzlich zeigen. Im schlimmsten Fall kann das Streben nach einem unmöglichen Idealbild dazu führen, dass geistlicher oder sonstiger Machtmissbrauch entsteht, weil Leiter ihre Schwächen auf dem Rücken von anderen kompensieren und damit auch andere dafür verantwortlich machen. Dessen gilt es sich bewusst zu sein und dies möglichst zu vermeiden.

Wenn Leitungspersonen aber zeigen können, dass sie Schwächen haben und sich darin von Gott und ihren Mitmenschen annehmen, lieben und ergänzen lassen können, werden nicht nur die ihnen anvertrauten Personen einem hilfreichen Beispiel nachfolgen können, sondern kann für die Leiter gerade auch dort Heilung geschehen. Wie jedem anderen hilft es auch ihnen, wenn sie erleben können, dass sie in ihrer Schwäche angenommen sind und nicht selbst alles können und wissen müssen. Allzu oft fühlen wir uns dazu verpflichtet, »das Richtige« wissen oder tun zu müssen, wenn es manchmal hilfreicher (und ehrlicher) wäre, wenn wir zu unserem Unwissen, zu unserer Unzulänglichkeit, zu unseren Fragen und Fehlern stehen.

Denn gerade dann, wenn ich schwach bin, bin ich stark.
(2. Kor 12,10b SCHL)

An der Erbauung der Gemeinde beteiligt

Wer weissagt, erbaut die Gemeinde.
(1. Kor 14,4b SCHL)

Im Neuen Testament lesen wir, dass der Heilige Geist in uns lebt und uns mit Gaben ausgerüstet hat, die die Gemeinde erbauen, was eine weitere kostbare Möglichkeit ist, die Wahrheiten Gottes konkret zu erleben. Wenn wir unseren Nächsten mit einem Wort der Erbauung, der Weisheit, der Prophetie oder mit einer konkreten Bibelstelle dienen, kann dies zu einer ganz besonderen Beziehungserfahrung mit Gott werden. Wenn wir merken, dass Gott uns in unserem Alltag sieht und sich um uns kümmert, berührt uns das. Auch die meisten anderen Geistesgaben – Heilung, Wunder, besonderen Glauben usw. – dienen zur Erbauung der Gemeinde und zum Bezeugen der Kraft und Herrlichkeit unseres gewaltigen Gottes.

Eine kurze und prägnante Anweisung, wie Gottesdienst stattfinden kann, findet sich im ersten Korintherbrief:

Wie ist es nun, ihr Brüder? Wenn ihr zusammenkommt, so hat jeder von euch etwas: einen Psalm, eine Lehre, eine Sprachenrede, eine Offenbarung, eine Auslegung; alles lasst zur Erbauung geschehen!
(1. Kor 14,26 SCHL)

Jeder hat also gemäß Paulus etwas zur Erbauung der Gemeinde beizutragen. Gemeinde, die so funktioniert und mit dem Reden und Wirken Gottes rechnet, erlebt immer wieder erstaunliche und prägende Gotteserlebnisse.

Dient einander, jeder mit der Gnadengabe, die er empfangen hat,
als gute Haushalter der mannigfaltigen Gnade Gottes:
Wenn jemand redet, so rede er es als Aussprüche Gottes;
wenn jemand dient, so tue er es aus der Kraft, die Gott darreicht,
damit in allem Gott verherrlicht wird durch Jesus Christus.
Ihm sei die Herrlichkeit und die Macht von Ewigkeit zu Ewigkeit! Amen.
(1. Petr 4,10–11 SCHL)

Jüngerschaft – fruchtbare Nachbeelterung

So geht nun hin und macht zu Jüngern alle Völker!
(Mt 28,19a SCHL)

Dies ist ein weit bekannter Vers aus den Abschiedsworten Jesu, mit denen er seinen Nachfolgern einen Auftrag gab, der oft als »Missionsbefehl« verstanden wird. Genau gesehen sind wir dazu aufgerufen, andere zu Jüngern zu machen, zu Nachfolgern von Jesus. Was macht denn nun einen Jünger aus? Und wie »macht« man jemanden zum Jünger?

Jesus selbst hatte wenige enge Nachfolger um sich geschart – die zwölf Jünger, die Apostel – die er über drei Jahre in sein Leben und seinen Dienst mit hineingenommen hat. Dabei führte er ein ganz außergewöhnliches »training on the job« für diese teilweise ganz einfachen Männer durch, was diese später dazu befähigte, die frohe Botschaft des Evangeliums in die ganze Welt hinauszutragen. Also hat Jesus auf Qualität vor Quantität gesetzt – er hat auf ein Dutzend Leute gesetzt, die dann wiederum andere angeleitet haben. Paulus formuliert die Kernwahrheit dieses göttlichen Multiplikationsprinzips im Brief an Timotheus wie folgt:

Du nun, mein Kind, sei stark in der Gnade, die in Christus Jesus ist. Und was du von mir gehört hast vor vielen Zeugen, das vertraue treuen Menschen an, die fähig sein werden, auch andere zu lehren.
(2. Tim 2,1–2 SCHL)

Also das Prinzip »see one, do one, teach one«[88] scheint auch hier zu greifen. Wie ein Vater seinem Sohn schreibt Paulus an Timotheus und es scheint, als habe er tatsächlich eine väterlich nahe Beziehung zu ihm. Er hat persönlich in Timotheus investiert.

Es gibt heute verschiedene Gemeindemodelle, von denen die meisten hierarchisch organisiert sind. Es gibt aber auch das multiplikative, jüngerschaftliche Modell, in dem das oben genannte Prinzip (2. Tim 2,1–2) umgesetzt wird.

---

88 Wird auch abgekürzt (SODOTO) verwendet und bezeichnet eine Art des Lernens, in der beispielsweise Medizinstudentinnen und -studenten angeleitet durch eine Ärztin, einen Arzt ihre Fertigkeiten erweitern. Dieses praxisorientierte Lernen wird auch in vielen anderen Bereichen angewandt.

Ich glaube auch heute noch ist es – vielleicht mehr denn je – sinnvoll und gut, wenn wir in jüngerschaftliche Beziehungen investieren. Persönliches, geistliches und über die »Generationen« hinweg multiplikatives Wachstum sind die wunderbare Frucht dieses von Jesus selbst vorgelebten und unter anderem von Paulus weitergetragenen Modells. Wenn ich mich nur in drei Menschen investiere, die sich wiederum in drei Menschen investieren, haben wir nach wenigen Generationen viele Herzen erreicht! Manchmal ist es nicht die grosse Bühne, die am meisten Veränderung bringt, sondern das treue Pflegen von jüngerschaftlichen Beziehungen.

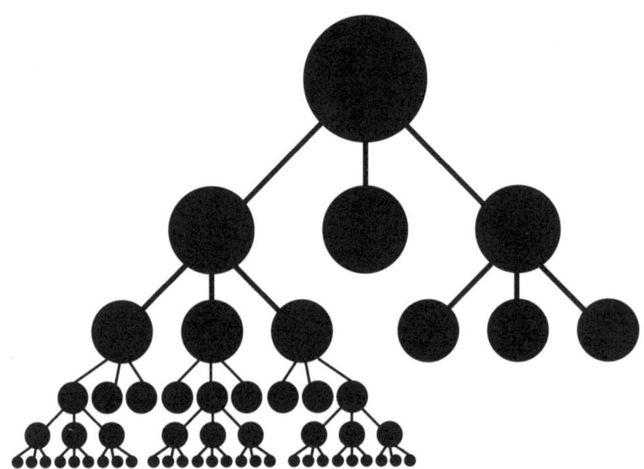

Multiplikatives Wachstum durch jüngerschaftliche Beziehungen

Wenn wir die Aussagen der Bibel ernst nehmen, hat JEDER und JEDE Gaben und Stärken und soll und kann diese dazu einsetzen, um anderen zu dienen, damit sie ebenfalls in ihren Gaben und Diensten wachsen können. Meine Frau und ich erleben seit mehreren Jahren, wie fruchtbar es ist, direkt und konkret in einzelne Menschen oder Ehepaare zu investieren, die dadurch wiederum freigesetzt werden, das Empfangene weiterzugeben und anderen zu dienen. Es resultiert ein hierarchisch flaches, sehr persönliches, unspektakuläres, echtes und direktes Anteilnehmen am geistlichen und persönlichen Leben und Wachstum von den jeweils anvertrauten Personen.

Interessanterweise finden wir im neuen Testament fortlaufend Analogien von geistlichen Beziehungen zu natürlichen Familienbeziehungen. So schreibt Paulus beispielsweise an seine »Kinder, um die er Geburtswehen gelitten hat« (Gal 4,19), an seine »Söhne und Töchter« und an seine »Geschwister im Glauben«. Und so wie man in der Familie einander kennt, Anteil nimmt am Leben des anderen und als Eltern für das Wachstum und Wohl der Kinder besorgt ist, sind wir in diesem Sinn dazu aufgerufen, ganz unspektakulär, aber mit viel Potential – da multiplikativ – in Leben von uns anvertrauten Menschen zu investieren. Die geistliche Familie ist der Ort, wo unsere neue Identität nach der Wiedergeburt wachsen kann, der Ort, wo wir echt und angenommen sein dürfen, wo wir selbst auch geistliche Elternschaft erleben, sodass wir diese dann weitergeben können.

Wenn ich Christen von heute auf dieses jüngerschaftliche Denken anspreche und über geistliche Elternschaft zu reden beginne, wird oft die große Sehnsucht, das ungestillte Bedürfnis nach einem Rückhalt im Glauben, nach geistlichen Vätern und Müttern, deutlich. Nach Eltern, die sich zu ihren Kindern stellen, die sie lehren, was sie selbst schon erkannt haben, die sie trösten, annehmen und ermutigen, wo immer sie auch stehen. Ich glaube, man kann diese Sicht kaum biblisch in Frage stellen und dennoch wird dies in unserer Kultur oft wenig gelebt. Manche kennen ihren Pastor nur von weitem, fühlen sich in ihrem Glauben allein oder müssen sich über Bücher, Predigten und Podcasts herausfiltern, was für sie im Moment als nächster Schritt wichtig und hilfreich sein könnte. Gemeinden sind in der Gefahr, ein großes und interessantes Programm für die Besucher zu gestalten, wo jeder sich beschäftigen kann, jedoch die Beziehungen und die Gaben jedes einzelnen zu wenig beachtet werden. Der Mangel an zwischenmenschlichen Beziehungen, an jüngerschaftlichen, väterlichen und mütterlichen Beziehungen, kann erheblich sein. Selbst »Jüngerschaftsprogramme« sind manchmal eher auf grössere Gruppen ausgelegt und auch hier kommt die verbindliche persönliche Beziehung teilweise zu kurz.

So wie wir in Bezug auf psychisches Leid oft den Spezialisten den Vorrang lassen, sehen wir in Bezug auf geistliches Wachstum auch primär die Experten, die Theologen, Pastoren, Pfarrer und Priester in der

Verantwortung. Dabei hat Jesus jeden Jünger dazu aufgerufen, wiederum andere zu Jüngern zu machen. Jesus hat ein Multiplikationsprinzip gelebt, gelehrt und weitergegeben, das in der westlichen Gesellschaft zu stocken droht. Ich ermutige dazu, Gott zu fragen, wer ein Jünger werden, wer ein Kind im Glauben sein könnte und wo jede und jeder für sich mütterlichen und väterlichen Rückhalt finden kann für den Dienst, den sie oder er tut.

Ich bin davon überzeugt und erlebe dies auch, dass diese Art von verbindlicher geistlicher Beziehung, dieses Rückhalt-Bieten, Wachstum-Fördern und Annehmen ein heilsamer Katalysator für geistliches und persönliches Wachstum ist, zumal wir selbst dabei auch echt bleiben und immer wieder in die Verantwortung genommen werden, unser Leben hin zur Liebe, zum Vater und zur göttlichen Wahrheit auszurichten. Während große Redner schnell idealisiert werden, kann in echten und persönlichen Jüngerschaftsbeziehungen eine heilsame Authentizität gelebt werden, wie sie uns in der Bibel beschrieben wird.

Auch hier bin ich inspiriert von Büchern, die aus dem Kreis der Hausgemeinde- oder eben Jüngerschaftsbewegung stammen. Eines davon kommt aus einem Schweizer Hausgemeindenetz unter der Feder von Marco Gmür[89], das andere von Wolfgang Simson[90], welches ebenfalls revolutionär-aufrüttelnd ist. Ein drittes sehr praktisches und leicht zu lesendes Buch über Jüngerschaft und deren freisetzendes Potential kann ich wärmstens empfehlen[91].

Das Potential, das dieses für einander Einstehen hat, ist nicht einfach mit Worten zu beschreiben. Für den »Jüngermacher« wirkt sich das Weitergeben des bisher Verstandenen als sinngebender Ausfluss und als Übernahme von Verantwortung aus. Der empfangende »Jünger« hat eine konkrete Anleitung und den so oft ersehnten Rückhalt in Glauben und Leben und kann durchs Weitergeben wiederum die erlernten Dinge vertiefen und überprüfen. Wolfgang Simson rechnet in seinem Buch vor, wie schnell Jüngerschaft sich durch dieses einfache multiplikative Prinzip vervielfältigt, wenn nur schon jeder in drei weitere Personen investiert, die jeweils wiederum an drei weitere Menschen weitergeben, was sie empfangen haben. Anders als bei

89 Gmür, Marco, et al. Väter und Mütter, die die Welt prägen. GloryWorld-Medien, 2009.

90 Simson, Wolfgang. Häuser, die die Welt verändern: Gemeinde als eine geistliche Großfamilie. Glashütten, Emmelsbüll: C-und-P-Verlag, 2005.

91 Pelle, Ben und Tirza. Jüngerschaft: befähigt, andere freizusetzen. Profibooks, 2017.

einer Mega-Church, die irgendwann durch die Gebäude-Größe begrenzt ist, kann eine Jüngerschaftsbewegung nicht nur dem Einzelnen zu raschem und tiefem Wachstum verhelfen, sondern bereits nach wenigen Generationen weitreichende Kreise ziehen. Ein Prinzip, das funktioniert, das auf echte, nahe, familiäre Beziehungen baut und das auf diese natürliche Weise zu Übernatürlichem befähigt.

Und es ist ein Prinzip, das auf geistlicher Ebene die »Nachbeelterung« erlebbar macht und damit eine kraftvolle Möglichkeit ist, nicht nur eine neue Identität durch die Wiedergeburt zu erleben, sondern in der geistlichen Elternschaft auch die bedingungslose Vaterliebe Gottes dort zu erleben, wo im Natürlichen vielleicht Mangel war. Jeder braucht diesen Rückhalt, und jeder ist dazu aufgefordert, ihn für andere zu sein. Es gibt nichts Wertvolleres, als in Beziehungen, in Menschen, in ewige Geschöpfe zu investieren und ihnen die Liebe Gottes so auf ihr Leben und ihre Situation zu übersetzen, dass sie in deren Herzen ankommt.

Dabei ist es wie in der Schematherapie auch wichtig, dass wir nicht andere entmündigen und langfristig von uns abhängig machen. Sowohl Bindung als auch Autonomie sind wichtig. Es liegt in der Natur der Sache, dass kleine Kinder – natürliche wie geistliche – mehr Unterstützung von den Eltern brauchen. Aber das gesunde Ziel eines jeden Vaters und jeder Mutter ist es, ihre Kinder in die Selbständigkeit zu erziehen, um als Erwachsene gereifte Beziehungen leben zu können. In der Schematherapie ist es das Ziel, den gesunden Erwachsenen so zu stärken, dass er selbst für seinen kindlich-bedürftigen Anteil sorgen kann. Im Glauben haben wir darüber hinaus einen Gott, der uns befähigt, der Beziehung sucht, der uns zu eigenständigen, in unserer Identität in Jesus tief verwurzelten und in unseren Gaben freigesetzten Botschafter für sein Königreich machen möchte – Botschafter seiner Liebe. In der Jüngerschaft ist es daher anfangs wichtig und gut, die biblischen Wahrheiten »kindgerecht« weiterzugeben, so wie wir auch natürliche Kinder anfangs mit Muttermilch ernähren. Paulus nimmt diesen Vergleich auf (z. B.: *Milch habe ich euch zu trinken gegeben und nicht feste Speise; denn ihr konntet sie noch nicht vertragen.* 1. Kor 3,2 SCHL) und drückt damit aus, dass es das Ziel ist, seine Jünger letztlich zu befähigen, sich selbständig vom Wort Gottes zu »ernähren«, vom

Heiligen Geist zu »trinken«, seine Stimme zu hören und Verantwortung für die Bereiche zu übernehmen, die Gott einem jeden zuteilt. Dennoch bleibt man – wie natürliche Eltern ja auch – Vater oder Mutter, nimmt Anteil am Weg der geistlichen Kinder und freut sich darüber, wenn sie sich in ihrem Weg und in ihrem Dienst noch über das hinaus entwickeln, was man selbst schon erleben durfte.

Das Übernehmen von Verantwortung für sich und andere, das Wiederentdecken der Bedeutung dieser Art von geistlicher Familie und das Leben von vielleicht in ihrer Anzahl wenigen, aber in ihrer Tiefe sehr kostbaren jüngerschaftlichen Beziehungen ist ein Schlüssel zu mehr Wachstum – sowohl persönlich, geistlich als letztlich auch um das Evangelium weiter in die Welt zu tragen. Jüngerschaft ist multiplikativ – schon nach wenigen Generationen hat man in so viele Menschenleben investiert, wie man dies direkt trotz viel Aufwand und Leistung nie erreichen könnte.

Jüngerschaft ist sozusagen der himmlische Goldstandard[92] der Nachbeelterung, »heavenly reparenting«. So wie Christus uns angenommen hat, sollen wir einander annehmen. Wir dürfen aus der Annahme heraus, die wir von Gott und unseren geistlichen Eltern erfahren haben, andere wiederum so annehmen, wie sie sind und deren Lebenslügen mit Hilfe von göttlichen Wahrheiten entkräften.

92 Goldstandard: In der Medizin ist damit oft die beste bekannte Methode gemeint.

Echt sein – echt angenommen sein

Eigene Bewältigungsstrategien ablegen

Die Bibel berichtet uns von Menschen mit Fehlern und Schwächen, die in ihrer Wut, ihrem Zorn und ihrer Hilflosigkeit gesündigt und versagt haben. Und trotz all ihrer Unzulänglichkeit spricht Gott von Menschen nach seinem Herzen, trotzdem haben diese Glaubenshelden in den biblischen Geschichten viel bewegt. Jeder einzelne der großen Namen in der Bibel hat einiges auf dem Kerbholz (z. B. David, Paulus, Mose, Abraham) und dennoch wurde er oder sie zu einem wichtigen Werkzeug im Königreich Gottes. Manchmal haben wir das Gefühl, dass unsere Unzulänglichkeiten, unser Ärger, unser Versagen und Scheitern, unsere unangenehmen Gefühle in der Beziehung zueinander und in der Beziehung zu Gott nicht sein dürfen. Für viele ist es dann überraschend und befreiend zu hören, dass wir gegenüber Gott unsere Enttäuschung ausdrücken dürfen. Gerade die Psalmen drücken immer wieder sehr echt und intensiv aus, wie die Stimmung, auch in Bezug auf Gott, gerade aussieht. Für David war es das Natürlichste der Welt, mit seinem Schmerz und seiner Enttäuschung zu Gott zu gehen.

Wie lange, o Herr, willst du mich ganz vergessen?
Wie lange verbirgst du dein Angesicht vor mir?
(Ps 13,2 SCHL)

Wir leben heute in einer Gesellschaft, in der viele in der Lebensfalle »mehr ist besser« gefangen sind, in der Glücklich-Sein das wichtigste Lebensziel ist und das Gefühl vorherrscht, dass unseren Möglichkeiten keine Grenzen gesetzt sind. Die Realität sieht aber oft anders aus, jeder kennt unangenehme Gefühle, jeder hat Schwierigkeiten zu meistern. Die Bibel lehrt uns auch, dass unangenehme Erfahrungen zum Leben gehören. Solange wir jedoch dagegen kämpfen und nach außen und vielleicht sogar nach innen den Schein wahren müssen, dass es uns gut geht, dass wir glücklich, schön, erfolgreich, zufrieden, entspannt, gesund, reich und beliebt sind, befinden wir uns in einer gesellschaftlich zwar anerkannten und tausendfach reproduzierten, aber dennoch ernsthaften und in ihren Folgen schwerwiegenden Bewältigungsstrategie. Letztlich versuchen wir dadurch, etwas zu kompensieren, was auf diese Weise nicht stillbar ist. Unsere tiefste Sehnsucht ist es, so angenommen zu sein, wie wir sind. Wenn wir jedoch ständig durch gutaussehende Masken, wohlklingende Worte und erreichte Leistungen versuchen uns »annehmbar« zu machen, müssen wir uns früher oder später eingestehen, dass unser wahres Ich, unser Herz, auf diese Weise nie angenommen und gesehen wird. Die Suche nach Anerkennung wird für viele zum Hamsterrad. Je mehr Anerkennung ich kriege, umso kürzer stillt dies meine inneren Fragen nach Annahme und Selbstwert und ich muss noch mehr leisten und präsentieren, um noch mehr Anerkennung zu bekommen. Wie bei einer Sucht gewöhne ich mich an das Suchtmittel »Anerkennung« und brauche eine immer größere Menge, weil ich eine Toleranz[93] entwickle. Und wie beim Suchtmittel auch, stillt die Anerkennung letztlich nicht unser zugrundeliegendes Bedürfnis. Solange wir bewältigen, uns durch Leistung »annehmbar« zu machen versuchen und unser wahres Ich verbergen, können wir uns nicht echt geliebt fühlen. Echt angenommen sein geht nur, wenn wir uns echt zeigen.

Vielleicht mahnt uns deshalb auch die Bibel so eindringlich, keine beziehungsstörenden Strategien zu verfolgen, also nicht zu sündigen. Wir müssen nichts leisten, um geliebt zu werden, da die Liebe des Vaters zuerst da ist.

Je mehr wir loslassen von unseren vermeintlichen Rettern, den Götzen unserer Zeit, den Statussymbolen, den vorgesetzten Leistungen und Masken (und unseren Social Media-Profilen), desto mehr können wir in tiefe und echte Beziehungen wachsen, in denen wir uns so angenommen wissen dürfen, wie wir sind.

In der Regel werden unsere Selbstschutzstrategien gerade gegenüber Personen, die uns nahestehen, am meisten hochgefahren, aus Angst entlarvt oder verletzt zu werden. Diese »fight and flight«-Mechanismen führen auch zu den immer wiederkehrenden zwischenmenschlichen Konflikten (siehe dazu auch Seite 56: »Moduszirkel – Konfliktdynamik durchbrechen«).

93 Toleranz: Gewöhnung an einen Wirkstoff. Es bedeutet, dass die Wirkung bei wiederholter oder chronischer Einnahme immer mehr abnimmt. Dies hat zur Folge, dass man für die gleiche Wirkung eine immer höhere Dosis braucht aufgrund der Anpassungsleistungen des Körpers / des Gehirns an das (Sucht-)Mittel.

Auch hier ist es eine tiefe, wundersame Wahrheit, dass das Loslassen von Bewältigungsstrategien zu tieferen Beziehungen führt. Wenn ich wahrnehmen kann, wie es mir geht und dies auch echt benennen kann – mich verletzlich zeige – gebe ich meinem Gegenüber die Möglichkeit, darauf heilsam einzugehen. Solange ich mich aber schütze, indem ich angreife oder flüchte, wird sich das Gegenüber selbst schützen müssen.

So wichtig es mir ist, anzuerkennen, dass wir durch unsere Prägung oft Schwieriges mitbekommen haben, umso wichtiger ist es mir zu betonen, dass wir Möglichkeiten haben, uns für neue Wege zu entscheiden – im Großen und auch im Kleinen. Ich kann – in begrenztem Maß – wählen und einüben, ob ich in den Angriff gehe oder ob ich mich verletzlich zeige, ob ich im Moment dem Erleben von Ablehnung oder Ausgrenzung Raum und Worte gebe, oder ob ich stattdessen beginne den anderen zu entwerten.

In Suchttherapien kann der unheilsame Teufelskreis zwischen Schuldgefühlen, Schamgefühlen und Suchtmittel-Konsum manchmal durchbrochen werden, wenn die Betroffenen erleben, dass sie ihre Probleme beim Namen nennen können und trotzdem in der Gruppe angenommen sind. Und auf gewisse Weise ist das auch auf andere Situationen übertragbar.

Wenn wir in vertrauten Beziehungen echt zu dem stehen können, was uns Mühe macht, wo wir uns verletzt fühlen und uns verletzlich zeigen, kann der Weg zur Heilung beginnen. Wir müssen nichts tun, um angenommen zu sein, oft müssen wir aber etwas loslassen, um diese Annahme erleben zu können.

Über Bewältigungsstrategien hinwegsehen

Die Liebe rechnet das Böse nicht zu.
(1. Kor 13,5b LUT)

Wir wollen noch einmal vertieft über Gottes Liebe und ihre Folgen für unsere zwischenmenschlichen Beziehungen nachdenken. Paulus schreibt im Hohelied der Liebe, dass die Liebe das Böse nicht zurechnet.

Im Römerbrief steht – mit Bezug zum Psalm 32 – dass derjenige gesegnet ist, dem Gott die Sünde nicht anrechnet.

Wie gut hat es der, dem der Herr die Sünde nicht anrechnet!
(Röm 4,8 NGÜ)

Jesus hat am Kreuz über Sünde, Tod und Teufel gesiegt und rechnet uns die Sünde nicht nur nicht an, sondern er deckt sie auch zu (z. B. Röm 4,7) und nimmt die Folgen der Sünde auf sich selbst, während er uns zutiefst mit seiner göttlichen Liebe annimmt.

Diese bedingungslose Liebe, diese Annahme ohne Leistungsforderung, diese göttliche Zusage kann unserer Identität Boden geben, auf dem wir wachsen können – hin zu Jesus.

Übertragen auf zwischenmenschliche Beziehungen ist dieses liebevolle Zudecken der Verfehlungen unseres Nächsten ebenfalls eine Kostbarkeit, die tiefe Annahme schenken kann. Wir haben bereits gesehen, dass wir in unseren jeweiligen Bewältigungsstrategien nicht mehr vernünftig denken und handeln können. Durch die Aktivierung unserer Amygdala und die Umschaltung auf Notfallmodus wird unser logisches Denken praktisch ausgeschaltet. Das heißt, dass wir sowohl in unseren Vermeidungs- als auch Kompensationsstrategien nicht vernünftig und wahr kommunizieren, sondern uns – oft etwas unbeholfen, manchmal aber auch sehr gezielt und destruktiv – hinter Verallgemeinerungen, Schuldzuweisungen, Verurteilungen, Entwertungen oder Ausflüchten vor uns selbst oder andern verstecken, um uns zu schützen. Auch das Erdulden als Bewältigungsstrategie führt dazu, dass wir angepasst sind, uns aufopfern oder unterwerfen und selbst nicht echt spürbar sind.

Wenn nun also jemand in unserer Gegenwart eine Bewältigungsstrategie aktiviert und uns darin mit Taten oder Aussagen Botschaften übermittelt, die verletzend oder sonst beziehungsstörend sind, können wir annehmen, dass diese wenig Wahrheitsgehalt in sich tragen. Ja, es kann sogar sehr hilfreich sein, wenn wir über die Bewältigungsstrategie hinwegsehen und die verletzliche Seite unseres Gegenübers suchen und finden.

Diese Art von Annahme hat oft einen tiefen, beziehungsfördernden Effekt und wir lernen, dass wir uns weniger schützen müssen, wenn unsere Ängste und Verletzungen sich zeigen. So kann sich die göttliche Liebe als bedingungsloses Geschenk auch in zwischenmenschlichen Beziehungen zur Grundlage einer erlebten Annahme und damit zur Reduktion von beziehungsschädigenden Bewältigungsstrategien auswirken.

Ein Mensch sieht, was vor Augen ist; der HERR aber sieht das Herz an.
(1. Sam 16,7b LUT)

Beziehungsstörendes Verhalten wird also weniger, wenn wir dahinter die kindlich-verletzte Seite sehen und verstehen können, warum sich jemand in diesem Moment schützt. Auch Jesus hat mit unseren Schwachheiten Mitleid und nimmt uns darin an.

Denn wir haben nicht einen Hohenpriester, der kein Mitleid haben könnte mit unseren Schwachheiten, sondern einen, der in allem versucht worden ist in ähnlicher Weise [wie wir], doch ohne Sünde.
(Hebr 4,15 SCHL)

Damit möchte ich nicht sagen, dass es nicht auch wichtig ist, grenzüberschreitendes oder verletzendes Verhalten empathisch, mit Sicht auf den verletzlichen Kind-Modus, zu konfrontieren. »Ich glaube nicht, dass dies deine Absicht ist, aber wenn Du mich so verurteilst, fühle ich mich ungenügend und abgelehnt und habe den Impuls, mich von Dir zu distanzieren. Das möchte ich aber nicht, weshalb es mir wichtig ist zu wissen, wie es Dir wirklich geht. Hör bitte auf, mich so zu entwerten. Kannst Du dies respektieren?«

Gottes Liebe ist der Goldstandard, mit dem auch wir einander lieben, aufnehmen und annehmen sollen. Jesus kann uns trotz unserer Bewältigungsstrategien vollkommen annehmen, weil er sich der göttlichen Wahrheit und Liebe bewusst ist und bei ihm keine Schemata aktiviert werden können. Deshalb schmerzt es ihn wohl vor allem zu sehen, dass wir einander und uns selbst durch unsere Selbstschutzstrategien verletzen und schaden und umso mehr möchte er uns in die Freiheit hineinlieben.

Wenn es uns auch gelingt, über die lügenschwangeren Botschaften der Schutzmechanismen unserer Nächsten hinweg ihr Herz zu sehen, werden wir heilsame Beziehungen bauen und Annahme und Wertschätzung weitergeben können.

Das allein wäre Grund genug, dieses Prinzip möglichst oft anzuwenden. Darüber hinaus hat es den hilfreichen Nebeneffekt, dass wir durch das »Übersehen« der Bewältigungsstrategien unserer Nächsten selbst nicht so stark durch letztere aktiviert werden. Anhand des Moduszirkels haben wir gesehen, dass wir durch die Schutzmechanismen unseres Gegenübers getriggert werden. Gelingt es uns aber, darüber hinweg das Herz zu sehen, können wir nicht nur heilsame Annahme schenken, sondern bleiben auch selbst geschützt vor unnötigen Angriffen und Schemaaktivierungen. Wir können ruhig bleiben und uns vom himmlischen Vater angenommen und geliebt wissen – Annahme, die wir in dem Moment weitergeben können.

Dem Kritiker die Luft nehmen

Segnet, die Euch fluchen, und richtet nicht,
damit ihr nicht gerichtet werdet.
(nach Luk 6,28 und 37)

Wenn man das Modusmodell von Eckhard Roediger genauer anschaut (siehe [94]), findet man einen nahen Zusammenhang zwischen dem inneren Kritiker und dem nach außen gerichteten Überkompensations-Modus. Man kann davon ausgehen, dass dieselbe innere Instanz, die uns selbst kritisiert (»innerer Kritiker«), beim Kritisieren anderer zum Ausdruck kommt

94 http://www.schematherapie-roediger.de (abgerufen am 23.07.2025).

(Bewältigung durch Überkompensation). Viele machen die Erfahrung, dass der innere Kritiker sehr hartnäckig sein kann. Manchmal lässt er sich durch Gegenhalten der (biblischen) Wahrheit, durch Stuhl- oder Imaginationsübungen abschwächen und eingrenzen (siehe Seite 80: Den Kritiker im Stuhldialog als Lügner entlarven, und Seite 122: Imaginatives Gebet), jedoch bleibt er manchmal recht beharrlich im »Hinterkopf«. Hierzu finden wir wiederum eine heilsame Strategie in der Bibel.

Wir sind dazu aufgerufen, andere zu segnen, auch unsere Feinde. Zudem steht in der Bibel, dass wir nicht richten sollen, um nicht gerichtet zu werden. Dies mag man auf zwischenmenschliche Beziehungen deuten, es gilt jedoch ebenso für Gedanken über sich selbst. Wenn die gleiche innere Instanz (Kritiker-/Überkompensationsmodus) darauf trainiert wird, Gutes über andere auszusprechen (segnen), wird der innere Kritiker abnehmen. Wann immer wir bemerken, dass wir uns innerlich über andere erheben, dass wir andere verurteilen, beurteilen oder entwerten, können wir uns aktiv daranmachen, die Person innerlich zu segnen. Dies legt uns die Bibel nahe. Und ich empfehle diese Strategie, wenn man nicht nur darauf bedacht ist, einen biblisch fundierten Lebensstil umzusetzen, sondern auch die kritischen Stimmen gegen andere und gegen sich selbst zum Schweigen bringen möchte. Segnet, die Euch fluchen und richtet nicht, damit ihr nicht gerichtet werdet. Eine biblische Weisheit, die nicht nur zwischenmenschlich, sondern auch innerseelisch heilsam wirkt.

Grundbedürfnisorientierte Beziehungspflege

Da gerade zwischenmenschliche Beziehungen – Partnerschaften, aber auch nahe Freundschaften – großes Potential haben, sowohl Schemata zu heilen, aber genauso, diese zu verstärken, möchte ich ausgehend von den fünf Young'schen Grundbedürfnissen ein paar Sätze zu gesunder Beziehungsgestaltung schreiben und dabei teilweise an bekannte Konzepte anknüpfen. Zuerst aber folgt ein wichtiges und grundlegendes Thema in Bezug auf unsere Beziehungen.

Leben aus der Quelle

Nicht mehr ich bin es, der lebt, nein, Christus lebt in mir. Und solange ich noch dieses irdische Leben habe, lebe ich im Glauben an den Sohn Gottes, der mir seine Liebe erwiesen und sich selbst für mich hingegeben hat.
(Gal 2,20 NGÜ)

Wir werden in der Bibel dazu aufgerufen, den Nächsten zu lieben und damit Modell zu sein für die himmlische Vaterliebe. Letztlich ist diese Form der sich verschenkenden Liebe nur dadurch möglich, dass Jesus – die Liebe selbst – in uns lebt. Nur weil wir die Quelle der Liebe in uns haben, können wir davon weitergeben. Biblische Beziehungsprinzipien sind deshalb völlig anders, als wir dies in der Welt kennen. Um es auf den Punkt zu bringen: Wir dürfen unseren ganzen Wert, unsere Sicherheit und unsere Identität in der Beziehung zu Jesus gründen. Durch die tiefe Verwurzelung in der Liebe Gottes werden wir davon befreit, anderen Menschen Wert wegzunehmen, um selbst mehr zu haben und können uns verschenken mit dem Ergebnis von noch mehr (Beziehungs-)Reichtum.

Dies ermöglicht es uns, das Wohlbefinden unseres Nächsten über unser eigenes zu stellen. Und um es nochmals deutlich zu machen: Es geht nicht um die christliche Variante des Aufopferungsschemas, wo wir uns selbst, aus Angst abgelehnt zu werden, im Kontakt mit anderen verlieren. Sondern weil wir in der Beziehung mit Jesus vollkommen gesättigt sein dürfen in allem, was wir brauchen, können wir uns an andere verschenken. Wir geben aus

Liebe, nicht aus Angst. Gerade in Paar-Beziehungen neigen wir oft dazu, innere Mischrechnungen anzustellen, wer wie oft den ersten Schritt zur Versöhnung macht, wer sich zuerst verletzlich zeigt oder wer den anderen mehr lobt. Dabei ist jede und jeder immer dazu aufgerufen, in diesen Disziplinen die oder der Erste zu sein, sich zu verschenken und immer wieder selbstlos zurückzustehen. Wenn dies beiden Partnern immer wieder gelingt, wird etwas von der kraftvollen und hilfreichen Dynamik dieses himmlischen Beziehungsprinzips spürbar.

In jeder Beziehung können wir uns die Frage stellen, was das Liebevollste ist, was wir unserem Nächsten im aktuellen Moment tun können. Oft ist dies, dass wir unsere Zuneigung und Wertschätzung ausdrücken. Es bedeutet je nachdem aber auch, dass das Beste, was wir anderen tun können, darin bestehen kann, dass wir liebevoll, aber klar Grenzen setzen. Wer in einer Beziehung lebt, die von Gewalt, Grenzüberschreitungen oder sonstigen menschenunwürdigen Verhaltensweisen geprägt ist, kann seinem Partner möglicherweise durch klare Grenzsetzung die Möglichkeit geben, sich in Richtung Leben, Liebe und Gott zu bewegen. Aber manchmal ist man in derart schwierigen Mustern gefangen, dass man die Beziehung nur mit beidseitiger Motivation und Offenheit für Hilfe von außen mit aktiver Arbeit wiederherstellen kann.

Gewisse Beziehungen sind aber schon so tot, dass man sie nicht wiederbeleben kann. Man könnte auch sagen, dass manchmal eine Beziehung, die anhaltend von Gewalt geprägt ist, bereits gestorben ist und es wichtig ist, eine tote Beziehung zu beerdigen, damit sie nicht »fault«. Trennung und Scheidung kann in solchen Fällen ein notwendiger und hilfreicher Schritt sein. Davor gibt es aber Möglichkeiten, wie wir über das Verständnis der zugrundeliegenden Muster, der Bedürfnisse unseres Partners sowie unserer eigenen Schemata Wege zu einer wiederbelebten Beziehung finden können. Und die folgende bedürfnisorientierte Beziehungspflege kann helfen, gesunde Beziehungen lebendig und kranke heil werden zu lassen.

Bindung – 5 Sprachen der Liebe

Beim Bindungsbedürfnis geht es um Nähe, einen vertrauenswürdigen Rückhalt, dem Gefühl, wertgeschätzt, angenommen und geliebt zu sein. Ein unter Christen zu Recht weit verbreitetes und sehr schönes Konzept wurde von Gary Chapman beschrieben: Die fünf Sprachen der Liebe[95]. Ursprünglich auf die Ehebeziehung angewandt, hat er das Modell erweitert auf zwischenmenschliche Beziehungen allgemein, auf Erziehung und auf die Beziehung zu Gott (siehe dazu Seite 143: Individuelle Zugangswege zu Gott).

Die einfache wie geniale Idee ist es, dass jeder Mensch eine Liebessprache als Hauptsprache (analog der Muttersprache) hat, welche er am besten versteht. In der Regel gibt es noch ein bis zwei weitere Sprachen, die man auch noch versteht (wie wir vielleicht Englisch und Französisch) und Sprachen, die man gar nicht versteht (ich beispielsweise Russisch). Die fünf Sprachen sind:

Die fünf Liebessprachen	
Anerkennung	Ich fühle mich geliebt, wenn ich Lob und Anerkennung erhalte.
Nähe	Ich fühle mich geliebt, wenn ich körperliche Nähe und Zärtlichkeit erfahre.
Zeit	Ich fühle mich geliebt, wenn mein Partner mit mir Zeit verbringt.
Hilfsbereitschaft	Ich fühle mich geliebt, wenn mein Partner mir praktisch hilft (z. B. den Abfall runterträgt).
Geschenke	Ich fühle mich geliebt, wenn ich beschenkt werde.

In einer Beziehung ist es nun die spannende und hilfreiche Aufgabe, die Hauptliebessprache des Partners herauszufinden und zu lernen, ihm seine Liebe in dieser Sprache auszudrücken. Wenn beide Partner dies tun, werden sie viel zu positiven Interaktionen beitragen, welche eine Beziehung

95 Chapman, Gary. Die fünf Sprachen der Liebe. Francke-Buchhandlung, 2010.

langfristig festigen. Die berühmte 5:1-Regel[96] sagt, dass man mindestens fünf positive Interaktionen braucht, um eine negative Interaktion mit seinem Partner auszugleichen. Also lohnt es sich, positive Verhaltensweisen in der Beziehung aktiv zu pflegen.

Das Herausragende am Konzept der fünf Liebessprachen ist vor allem, dass es verhängnisvolle Missverständnisse vermeidet. Oft kommt es vor, dass jemand seine Liebe fast nur in der eigenen Liebessprache ausdrückt, und völlig erstaunt und manchmal auch gekränkt ist, wenn sein Partner äussert, er fühle sich nicht geliebt. Wie befreiend (und Ressourcen schonend) ist es da, zu wissen, auf welchem Weg ich meinem Partner meine Liebe zeigen kann und er sie auch wirklich empfängt. So verwandeln sich auch Aussagen wie »Du hast nie Zeit für mich« in ihrer Bedeutung: Anstatt dass ich mich über diese scheinbar unersättliche Forderung ärgere, kann ich darin die konkrete Formulierung der elementarsten Bedürfnisse meines Partners sehen. Und wenn ich diese erfülle, dann kann ich ruhig andere, nicht zielführende Anstrengungen weglassen.

Über die verstandene Beziehungsbotschaft, dass ich angenommen und geliebt bin (in meiner Liebessprache), kann mein Bindungsbedürfnis gestillt werden und die damit möglicherweise verbundenen Schemata können zur Ruhe kommen.

Autonomie – frei zu lieben

Nähe und Freiheit sind zwei ähnlich wichtige Themen in einer Beziehung. Ebenso wie es wichtig ist, Bindung zu festigen und seine Liebe zu zeigen, so ist es auch – wie in einem Tanz – gesund, dem Partner Freiheiten und Freiräume zu schenken, dass er sich entfalten und aufblühen kann. Oft ist der eine Partner mehr nähebedürftig als der andere, woraus sich typischerweise ein guter Boden für wiederkehrende Konflikte bildet. Wie in der Beziehung zu Gott auch, ist die Möglichkeit, sich frei für den andern entscheiden zu können, eine wichtige Grundvoraussetzung für eine gesunde Beziehung. Wenn ich den Partner dazu zwinge, mich zu lieben oder bei

96 Auch als Gottman-Konstante bekannt nach Forschungen des US-amerikanischen Psychologen John Gottman; Partnerschaften, in denen mindestens fünfmal häufiger liebevolle, konstruktive Verhaltensweisen vorkommen als negative oder feindselige Interaktionen gelten als stabil.

mir bleiben zu müssen, wird er mich nicht aus freien Stücken und eigener Entscheidung lieben, sondern aus Zwang heraus.

Deshalb ist es so wichtig, den Partner immer wieder loszulassen, freizulassen und Vertrauen zu schenken. Zwanghafte Kontrolle ist Gift für eine Partnerschaft, Vertrauen und ein guter Rhythmus zwischen Distanz und Nähe von beiden Seiten ist hilfreich. Ich kann niemanden dazu zwingen, mich zu lieben, aber ich kann darauf vertrauen, dass ein Partner, der frei ist, sich entscheiden zu können und sich für mich entscheidet, wirklich auch mich meint. Unter Zwang zu lieben ist nicht möglich. Für jedes Paar heißt dies etwas Anderes, in der Regel ist es aber gesund, wenn es Bereiche gibt, die man teilt, sowie auch Hobbies, Aktivitäten und Freundschaften, die jeder für sich pflegt. Und wenn beide Partner ihre Stärken entfalten und sich damit gegenseitig ergänzen, haben sie gemeinsam noch mehr Strahlkraft als beide für sich genommen.

Grenzen der Freiheit

Es gibt leider viele Menschen, die in Beziehungen mit sehr destruktiven Mustern leben und dies – oft auch mit christlichen Argumenten – aushalten, ohne etwas daran zu verändern. Dabei ist es ebenso wenig ein Zeichen von Nächstenliebe und Respekt, wenn ich meinen Partner entwerte oder ihm mit Worten oder sogar tätlich Gewalt antue, wie wenn ich mir dies von meinem Partner immer wieder antun lasse. Wenn ich mich auf eine Art behandeln lasse, die meinen Wert und meine Integrität als Person in Frage stellt, unterstütze ich meinen Partner letztlich auf gewisse Weise darin, mit mir so umzugehen. Dabei wäre es die liebevollere Tat, wenn ich Grenzen setzen und mich nicht menschenunwürdig behandeln lassen würde. Viele Menschen neigen dazu, bei unangenehmen Gefühlen oder schwierigen Situationen auf irgendeine Art zu kompensieren. Dies tun sie mit entwertenden Gedanken, Worten, bissigen Bemerkungen, vielleicht auch gewaltsamen Taten gegen Gegenstände oder sogar Personen. Dabei ist dies – wie wir oben gesehen haben – weder für den Betroffenen selbst noch (natürlich) für das mitbetroffene Umfeld hilfreich. Selbstschutz dieser Art schadet immer mehr als er nützt.

Deshalb wendet man in der Schematherapie die in Teil 1 beschriebene empathische Konfrontation an. Und dies ist auch eine Möglichkeit, wie wir den dysfunktionalen Mustern in unseren Beziehungen auf eine gesunde Weise Grenzen setzen können. »Ich kann verstehen, dass Du gerade enttäuscht bist, weil Dein Lieblingsfußball-Team in letzter Minute verloren hat, aber wenn Du mich so ruppig anfährst und deine Wut an mir auslässt, habe ich Angst, fühle mich abgelehnt und möchte mich am liebsten weit von Dir zurückziehen. Ich glaube nicht, dass dies Dein Wunsch ist. Deshalb würde ich mir von Dir wünschen, dass Du mich respektvoll behandelst. Auch ich bringe Dir meinen Respekt entgegen!« Gerade im Umgang mit Menschen, die auf narzisstische Weise überkompensieren, ist es oft schwierig, einen Ausweg aus den immer wiederkehrenden Entwertungen zu finden. Aber ich möchte auch im Namen von biblischen Beziehungsprinzipien nahelegen, dass sich Frauen (und Männer) trauen, auf gesunde und respektvolle Weise für sich einzustehen. Behandle nicht andere schlecht und lass es auch nicht zu, dass andere dies mit Dir tun!

Ein ins Deutsche übersetztes Buch für Partnerinnen von Männern mit narzisstischen Selbstschutzstrategien wurde von Wendy Behary geschrieben, einer ausgewiesenen Expertin für die schematherapeutische Behandlung von narzisstischen Persönlichkeitsstörungen[97].

97 Behary, Wendy. Mit Narzissten leben. Wie Sie selbstbezogene Menschen entlarven und dabei wachsen können. Paderborn: Junfermann Verlag, 2024.

Gefühle und Bedürfnisse äußern – Echtsein

Wie weiter oben schon beschrieben ist das Echt Sein vor sich und seinen nahen Bezugspersonen eine zentral wichtige Angelegenheit. Um sich echt angenommen fühlen zu können, muss man sich echt zeigen. Nur wenn ich lerne, meine Bedürfnisse und Gefühle wahrzunehmen und angemessen auszudrücken, gebe ich meinem Partner die Möglichkeit, konstruktiv darauf einzugehen. Und – auch Männer haben Gefühle und Bedürfnisse und dürfen diese auch zeigen und äußern!

Spiel, Spontanität und Lust

Paar-Beziehungen sind immer in Gefahr, zur Gewohnheit zu werden. Im Dschungel des Alltags geht oft viel an Romantik verloren. Deshalb ist es umso wichtiger, immer wieder kreativ und auch spielerisch aufeinander zugehen zu können. Auch das Reden über und das Leben von für beide Partner stimmiger Sexualität ist ein gottgeschenktes Wunder, das wir Menschen genießen dürfen. Sex ist nicht alles, aber darf und soll in einer Ehe Gesprächsthema und wichtige gemeinsame Aktivität bleiben oder werden.

Aber das Bedürfnis nach Spiel und Spontanität ist natürlich nicht darauf begrenzt. Auch Humor, Spielerisches, Kindliches soll in einer Beziehung seinen Raum haben – hier sind den Paaren keine kreativen Grenzen gesetzt. Das Kindlich-Spielerische aktiv zu leben ist ebenso erfrischend und beziehungsstärkend wie regelmäßige tiefe und echte Gespräche oder eine Rückenmassage mit Jazzmusik im Hintergrund.

Letztlich gibt es eine Vielzahl von beziehungsfördernden Strategien. Wichtig ist es, dass man aktiv bleibt. Beziehung ist Arbeit und braucht Pflege. Und es lohnt sich, der wichtigsten Beziehung zu einem Menschen – dem Ehepartner – eine hohe Priorität in seinem Leben einzuräumen, auch im Engagement, das man dafür aufbringt.

Die meisten dieser Beziehungsprinzipien sind nicht auf die Ehebeziehung beschränkt – auch nahe Freunde oder vertraute Geschwister können ihre Beziehung nach diesen Überlegungen gestalten.

Vaterliebe bezeugen in der Psychotherapie

Ich glaube, es ist immer wichtig, sich seiner Rolle bewusst zu sein. Und die Rolle des Therapeuten, der Therapeutin ist nun ist nun mal eine andere als die eines Freundes, einer Freundin oder eines Bruders, einer Schwester, welche nochmals eine andere ist als die eines Gemeindeleiters, einer Gemeindeleiterin oder eines Ältesten, einer Ältesten. Therapeutinnen und Therapeuten müssen sich bewusst sein, dass sie eine große Verantwortung gegenüber ihren Patientinnen und Patienten, sowie auch gegenüber ihrem Berufsstand haben. In der Psychotherapie war es traditionellerweise lange verpönt bis verboten, eigene Werte oder Ansichten in die Therapie einzubringen. Dies kann aber geschehen, wenn persönlicher Glaube oder eben auch Integration von Psychotherapie und Glaube aktiv gelebt wird. Heute gibt es zwar zunehmend Psychotherapieformen, in denen Werte auch mit in die Therapie einbezogen werden.[98] Dennoch ist und bleibt es ein delikates Thema. Grundsätzlich sollten wir uns unserer Rolle als Psychotherapeutinnen und -therapeuten und dem Vertrauen, das Patientinnen und Patienten uns entgegenbringen, bewusst sein. Dieses soll weder übergangen noch ausgenutzt werden.

Es ist nicht so, dass ich die in diesem Buch ausgeführten theologischen Standpunkte als notwendige Inhalte von christlich orientierter Schematherapie verstehen würde, sondern mehr als wertvolle Stützen für uns Therapeutinnen und Therapeuten, um eine Haltung gegenüber unseren Patientinnen und Patienten einnehmen zu können, die der bedingungslosen Vaterliebe ähnlich ist. Trotzdem kann es teilweise – mit der nötigen Vorsicht, Demut und Weisheit – sinnvoll sein, auch christliche Sichtweisen und Perspektiven einzubringen, welche die manchmal selbstschädigende Sicht der Patientinnen und Patienten heilsam erweitern können. So wie wir in der Schematherapie immer wieder dafür kämpfen, negative Prägungen über die eigene Person in Bezug auf ihren Wert, ihre Fähigkeiten und Rechte mit befreiender und befähigender Wahrheit positiv zu verändern, ist dies auch im Bereich des Glaubens manchmal zentral wichtig. Oft sind

98 Z. B. ACT (Acceptance and Commitment Therapy nach Hayes) oder DBT (Dialektisch-Behaviorale Therapie nach M. Linehan).

unsere Bilder von Gott und Menschen ja eben nicht nur von Theologie und Theorie geprägt, sondern genauso von schwierigen Erfahrungen. Dabei wirken sich verschiedene theologische Sichtweisen unterschiedlich auf die jeweiligen Prägungen aus, können aber fürs eigene Erleben doch teilweise sehr destruktiv sein. Wenn ein Mann als kleiner Junge mit einem Vater konfrontiert war, der ihn für jeden kleinen Fehler hart bestraft und ihm nur dann Anerkennung und Aufmerksamkeit geschenkt hat, wenn er gute Leistungen in der Schule erbrachte, wird er mit einer Theologie, die ein strafendes, zorniges Gottesbild vermittelt und christliche Leistungen als Voraussetzung zur Errettung fordert, sehr unter Druck kommen. Vielleicht wird die göttliche Vaterliebe nur begrenzt Veränderung in seinem Herzen bewirken können, weil Gott in ein vertrautes und für den betreffenden Mann sehr destruktives Vaterbild gepresst wird.

Als Therapeut:in ist es immer wieder hilfreich, zu wissen, dass verschiedene intelligente und gottesfürchtige Menschen unterschiedliche theologische Sichtweisen zu Ende gedacht haben und zu unterschiedlichen Schlüssen gekommen sind. Dies kann uns die notwendige Offenheit für die Begleitung von Menschen aus den unterschiedlichsten christlichen Subkulturen sowie die Möglichkeit schenken, gegebenenfalls heilsame Alternativen anbieten zu können.

Was wir jedoch grundsätzlich immer tun können, ist Modell zu stehen für eine väterliche oder mütterliche bedingungslose Annahme und Liebe, in der Patient:innen lernen dürfen, was es heißt, sich anzunehmen, für sich einzustehen, sich Wert beizumessen und immer wieder beim himmlischen Vater Trost zu finden. Dann werden auch die dysfunktionalen Bewältigungsstrategien immer überflüssiger werden.

Wir dürfen Zeugnis sein von der Vaterliebe Gottes, wir dürfen unsere Patient:innen so annehmen, wie auch Christus uns angenommen hat, zur Ehre Gottes. Und diese Aufgabe gehört zu dem Schönsten auf dieser Erde – einem Mitmenschen den Wert und die Annahme zu zeigen, die er ja in Wirklichkeit bereits hat.

3.4 Wichtige Hinweise

So sehr ich von der Kombination von christlichem Glauben und Schematherapie überzeugt bin, möchte ich doch auf ein paar Punkte warnend eingehen.

Der Aufruf nach Unterstützung und Begleitung von Menschen – auch psychisch kranken – an jeden Nachfolger von Jesus meine ich ernst und konkret. Wir müssen aber die Grenzen unserer Möglichkeiten klar sehen. Wenn eine akute Manie, eine akute Psychose, eine schwere depressive Episode sowie akute Suizidalität oder Rauschzustände vorliegen, bedürfen diese Krankheitsbilder dringend fachlicher Beurteilung und Therapie. In der Gesamtzahl der psychisch leidenden Menschen sind diese (Ausnahme-) Zustände jedoch verhältnismäßig selten und ich ermutige jede und jeden dazu, zu prüfen, wo sie oder er sich liebevoll und möglicherweise auch wirkungsvoll in andere Menschenleben investieren kann. Fragen stellen, zuhören und Anteil nehmen sind schon viel wert!

Wovor ich ausdrücklich warne, ist das eigenständige und vor allem abrupte Absetzen von ärztlich verordneten Medikamenten ohne Rücksprache mit dem verantwortlichen Behandler. Leider begegnen mir immer wieder Geschichten von engagierten und sehr wohlmeinenden Christen, die für jemanden um Heilung gebetet haben, worauf auf Aufforderung hin oder auch nur in der Meinung, dass man vollständig geheilt sei, die Medikation abgesetzt wird. Dies führt leider immer wieder zu schwerwiegenden und unnötigen Rückfällen mit potentiell gefährlichen Symptomen. Ich bin für einen zurückhaltenden Einsatz von Psychopharmaka, aber gerade aufgrund der immer mehr in den wissenschaftlichen Diskurs gelangenden Absetzphänomene nach regelmässiger Einnahme von Antidepressiva, Neuroleptika und anderen Medikamenten empfehle ich hier dringend eine gute Absprache und vorsichtiges schrittweises Vorgehen! Ich glaube, dass Gott uns auf übernatürliche Weise heilen kann, möchte aber ausdrücklich dazu raten, dies mit dem zuständigen Arzt, der zuständingen Ärztin zu besprechen und die Medikation nur mit dessen Zustimmung zu verändern.

3.5 VISION UND NACHWORT

Die jahrhundertealte Vereinigung der Zwillingsdisziplinien Medizin und Theologie wurde im 17. Jahrhundert mit Anbruch der wissenschaftlichen Revolution getrennt. In der Psychiatrie, welche ein jüngeres Fach innerhalb der Medizin darstellt, wurde die Trennung auch von dem wohl wichtigsten Gründungsvater, Sigmund Freud, aktiv und möglicherweise zusätzlich aus der eigenen Prägung heraus motiviert, streng gefordert. Der Glaube wurde psychoanalytisch mit einer Funktion verbunden und somit wurde die Existenz einer Beziehung zu einem lebendigen Gott in Frage gestellt.

Nun zeigt die Forschung aber, dass der Einbezug des Glaubens in die ärztliche Tätigkeit in verschiedensten Bereichen sinnvoll und heilsam ist. Dies bezieht sich sowohl auf die somatische Medizin wie auch den Bereich der Psychiatrie. Beispielsweise hatten Frauen, die mehr als einmal im Monat in die Kirche gingen, bedeutend weniger Angstzustände und Depressionen, als diejenigen, die seltener oder überhaupt nicht an Gottesdiensten teilnahmen[99]. Es gibt viele weitere spannende Ergebnisse, insbesondere auch aus dem Suchtbereich. Wer mehr darüber lesen möchte, sei auf das Buch von Dr. Dale Matthews, »Glaube macht gesund«[100], verwiesen. Darin wird deutlich, wie der Einbezug des christlichen Glaubens in die ärztliche Tätigkeit mit einem Gewinn für die Patientinnen und Patienten verbunden ist. Es ist meine Überzeugung und mein Erleben, dass die Wiedervereinigung von Medizin und Glaube gerade auch im Bereich der Psychotherapie einen multiplikativen Effekt hat. Vorausgesetzt, diese Verbindung geschieht wohlüberlegt, auf den jeweiligen Patient, die jeweilige Patientin angepasst und mit Berücksichtigung der Rolle als Psychotherapeutin, -therapeut.

100 Hertsgaard, Doris, Harriett Light. »Anxiety, Depression, and Hostility in Rural Women.« Psychological Reports 55.2 (1984): 673–674. Web.

101 Matthews, Dale A. Glaube macht gesund: Erfahrungen aus der medizinischen Praxis. Freiburg im Breisgau: Herder, 2000.

Dr. Dale Matthews bringt seine Vision auf den Punkt, indem er sagt:

»Wenn in unserer Gesellschaft die Erkenntnis an Bedeutung gewinnt, dass wir in allen Dimensionen unseres Lebens der Spiritualität bedürfen, erleben wir vielleicht das Wiedererstehen einer längst vergessenen Art der Medizin, bei der das Sprechzimmer des Arztes zur Begegnungsstätte von Religion und Medizin werden kann, der Zwillingstraditionen der Heilung des Menschen. Ich bin davon überzeugt, wenn diese Umwandlung erfolgt, werden wir erleben, wie der Faktor Glaube seine volle Kraft entfaltet und wir ganz neue Möglichkeiten der Heilung von Geist, Leib und Seele entdecken.«

In erster Linie habe ich dieses Buch für Personen geschrieben, die in Psychotherapie, Seelsorge, im Mentoring oder als Freundinnen und Freunde Menschen begleiten, die unter schädlichen Lebensmustern leiden. Das Modell ist jedoch – wie im Anfangskapitel erwähnt – auch anwendbar für die Ehebeziehung, Kindererziehung und fast jeden Lebensbereich. Ich selbst habe viele Jahre in christlichen Wohngemeinschaften gelebt und glaube und glaube, dass die überwiegende Mehrzahl von Konflikten innerhalb einer Gemeinschaft mithilfe des Schemamodells (Stichwort »Moduszirkel«) verstanden und konstruktiv gelöst werden könnte. In dem Sinne eignet sich die christlich orientierte Schematherapie für die Mediation bei jeglicher Art von Konflikten, zur Supervision von Teams in Kirchen, Wohnheimen, Spitälern und so weiter. Wenn die im Hintergrund ablaufenden Muster verstanden werden, ist der Konflikt oft besser lösbar. Wenn dazu noch ein kraftvoller Glaube kommt, der die zugrundeliegenden Bedürfnisse auf verschiedene Weise zu stillen vermag und Wege zu Vergebung und Versöhnung aufzeigt, gibt es (fast) immer einen Weg, auch aus den vertracktesten Zwisten gestärkt hervorzugehen.

Daran glaube ich und hoffe, dass dieses Buch einen Beitrag dazu leistet, diese Vision umzusetzen. Ich möchte Mut machen, den Glauben aktiv in die ärztliche und therapeutische Tätigkeit einzubringen, aber genauso auch schematherapeutische Erkenntnisse in den Glaubenskontext. Wenn wir das Beste der beiden Welten nutzen können, um mehr an Heilung und Heil unter Menschen erleben zu können, haben wir etwas Gutes erreicht.

Wir dürfen unsere Zeit in Menschen und Beziehungen investieren und gewiss sein, dass wir damit etwas Nachhaltiges tun. Alles vergeht, aber die Liebe bleibt.

Man mag vielleicht nicht jeden Schluss in diesem Buch, nicht jede theologische Sichtweise mit mir teilen, aber die Vaterliebe Gottes kennen zu lernen und weiterzugeben, dazu ist jeder berufen.

Wir lieben ihn, denn er hat uns zuerst geliebt. Deshalb lasst uns einander lieben, denn die Liebe ist aus Gott und jeder der liebt, ist aus Gott geboren und erkennt Gott. Denn Gott ist Liebe.
(nach 1. Joh 4,19 und 4,7–8)

ANHANG

Danksagungen

Schon die Entstehung dieses Buches ist ein Gemeinschaftswerk, das zeigt, dass wir zusammen mehr vermögen als einer allein. Die Gedanken, die beschrieben sind, entspringen realen Begegnungen mit realen Menschen, die mich dazu angeleitet haben, weiter zu ringen mit meinem Glauben und den Wahrheiten, die mich geprägt haben und Nächstenliebe immer wieder neu zu definieren, zu finden und weiterzugeben. Ich bin all meinen Patientinnen und Patienten dankbar für das geschenkte Vertrauen, den Einblick in ihre Herzen und die Dankbarkeit, die sie mir immer wieder entgegenbringen. Zudem bin ich für diejenigen Menschen dankbar, die mein Leben in Gemeinschaft ausmachen, die mich in meinen schwächsten Momenten kennen, die sich mit mir freuen, wenn ich mich freue und mich unterstützen, wenn ich selbst grad nicht kann. Das Leben mit anderen zu teilen ist nebst meinen Beziehungen zu Gott, meiner Frau und unseren Kindern der größte Reichtum in meinem Leben.

Im Folgenden möchte ich einige Personen nennen, die mir wichtig sind und denen mein besonderer Dank gebührt:

- Eva Sofia: Danke, dass du mich als deinen Mann annimmst, liebst und mich trägst und aushältst, wenn ich schwach bin. Ich bewundere dein Mutterherz für unsere natürlichen und geistlichen Kinder, ich lerne von dir, was es heißt, sich von Gott abhängig zu machen und auf seine Stimme zu hören. Ich danke dir für alles, was du in unsere Kinder und in mein Leben investierst. Ich danke dir, dass du mich kennst und trotzdem liebst.
- Elaia, Josia, Maeva und Siloah: Ich bin so dankbar, euer Vater sein zu dürfen. Ihr seid kostbare und geliebte Kinder. Elaia, ich schätze deine feine Art, wie Du andere Menschen wahrnimmst, dein tiefgründiges, treues und echtes Wesen. Ich schätze deinen Humor und liebe es mit Dir gemeinsam Gott anzubeten! Josia, ich bewundere dein Herz, das in Gemeinschaft aufblüht, das Beziehung sucht und findet, ich schätze

deine liebevolle Art als Bruder. Du bringst so viel Freude in mein Leben! Du bist ein grosser Künstler und beeindruckst mich mit deiner innovativen Art Geschichten und Bilder entstehen zu lassen! Maeva, dein initiatives, fröhliches und schelmisches Wesen bereichert mein Leben und berührt mein Herz. Deine unersättliche Wissbegier und deine Suche nach Antworten begeistern mich. Ich liebe es dich lachen und turnen zu sehen! Siloah, du überraschst mich immer wieder aufs Neue mit deinen vielen Begabungen. Du hast ein feines schönes Herz und ein gewinnendes Wesen. Ich liebe es, wie Du mit Worten umgehst, andere mit deinem Lachen ansteckst und wie du tanzt.

- Mama: Danke, dass du mir so viel von deiner Zeit, deinem Herz und deinem Glauben geschenkt hast. Danke, dass ich durch dich den himmlischen Vater kennenlernen durfte.
- Papa: Danke, dass du als Vater hinter mir stehst, auch in meiner Entscheidung, Psychiater zu werden. Danke für all deine Weisheit und deinen Weitblick, den du mir mitgegeben hast.
- Robi: Du bist der Bruder, den ich mir damals von Gott erwünscht habe und ich bin dankbar, dass es dich gibt. Mit dir Zeit zu verbringen ist eine Freude.
- Aline: Geliebte Schwester, ich habe dich sehr gern und schätze dein aufmerksames, klares, empathisches Wesen. Danke für Deine Initiative, dass wir als Geschwister regelmässig Zeit miteinander verbringen!
- Stephan N.: Danke dafür, dass du mein Freund geblieben bist, auch in den ganzen Veränderungen, die meine Ausbildung mit sich gebracht hat. Danke für deine Freundschaft, sie ist mir sehr kostbar.
- Maddy: Danke dafür, dass ich durch dich immer wieder lernen durfte, was Freundschaft bedeuten kann. Danke für die zahlreichen Zeiten des Austauschens, Redens, voneinander Lernens und für die vielen Stunden, die du in die Durchsicht und Überarbeitung dieses Buches investiert hast.
- Magdalena: Danke für dein Herz. Danke, dass du uns vertraut hast, dass wir Teil von deinem Leben werden durften. Ich bin stolz auf dich wie ein Vater. Deine innere und äußere Schönheit strahlen um die Wette und dein feines, aufmerksames Herz ist unbezahlbar. Du bist eine Perle.

- Rahel: Danke, dass du Teil meines Lebens bist. Ich bin stolz auf dich und schätze dein Wesen, deine Art, deine Hilfsbereitschaft, deine Echtheit, deinen Humor sehr. Danke für deine Unterstützung, gerade auch im Gebet.
- Sulamith: Dank dir durfte ich zum ersten Mal erleben, was es heißt, ein geistlicher Vater zu sein. Du hast uns darin als erste vertraut. Du bist eine feinfühlige, aufmerksame, intelligente und wunderbare Frau. Mein Herz war tief berührt und dankbar, dich an deiner Hochzeit mit Miladin zu sehen. Du warst wunderschön, ganz bei dir und strahltest einen tiefen, versöhnten Frieden aus. Ich freue mich auf deinen weiteren Weg und hoffe, dass er sich immer wieder mit dem meinen kreuzt.
- Sonja: Ich bewundere die flinke Art, wie du mit Worten und Texten umgehst und danke dir, dass du deine Gaben für dieses Buch eingebracht hast. Ich schätze deine offene, echte, nachfragende und wahrheitssuchende Art.
- Kathi: Es ist so ein Geschenk, dass Du Teil unseres Lebens geworden bist! Vielen Dank für Dein Vertrauen, Dein Herz, Deine Präsenz! So schön zu sehen, wie Du aufgeblüht bist und Deinen Weg mit Freude und Stärke gehst! Du bist für mich ein lebendiges Zeugnis dafür, wie sehr es sich lohnt, in Menschen zu investieren.
- Thomas und Irene: Danke, dass ihr mir und uns als geistliche Eltern den Rückhalt gegeben habt, den wir uns ersehnt hatten. Ihr seid Gold wert.
- Thomas, Irene, Andi, Renate, Corinne, Dave und Delin: Danke, dass wir mit euch zusammen das Abenteuer gemeinschaftliches Leben im Moosrain auf so konstruktive und heilsame Weise erleben durften. We found a city on a hill.
- Manuel: Danke für deine Freundschaft, danke fürs an mich Glauben, für deine Unterstützung. Danke, dass du mir vor einigen Jahren Greg Boyd empfohlen hast. Danke für deine Echtheit. Du bist ein großartiger Prediger und ein kostbarer Freund.
- Sämi: Danke, dass du den Weg gegangen bist als Arzt und als Christ, dem ich folgen möchte. Danke, dass du mir als Mentor und väterlicher Chef in meinen Fragen rund um Glauben und Psychiatrie geduldig und hilfreich zur Seite standest. Danke für deine Unterstützung in

diesem Buchprojekt. Danke für all das, was du als Psychiater, Chef und Mensch gelebt und geprägt hast in den vielen Jahren deiner Tätigkeit in der Sonnenhalde. Du bist mir sehr wichtig geworden in der Zeit.

- Judith: Danke für deine Treue. Du bist unsere langjährigste Freundin und ich schätze dich und deine direkte, echte und aufmerksame Art sehr. Du hast einen festen Platz in meinem Herzen und ich freue mich über jedes weitere Kreuzen unserer Wege.
- Alen und Eveline: Danke für eure Freundschaft, euer Ringen um Echtheit, Klärung und Beziehung. Danke Alen, dass du mir die Schematherapie empfohlen hast.
- Tabea: Danke für dein Echt-Sein. Dein Suchen nach dem Vaterherz, dein Hören auf seine Stimme und deine empathische Feinfühligkeit sind wahre Schätze.
- Regin: Danke für deine Unterstützung, danke für dein Herz, mit dem du vielen Menschen dienst. Du bist eine Frau nach dem Herzen Gottes.
- Attila: Danke, dass du mich als Oberarzt unterstützt und mich auch in meinem Buchprojekt ermutigt hast. Es war eine Freude und Ehre, mit dir arbeiten zu dürfen.
- Greg: Danke für die vielen Predigten, Bücher und all das Kostbare, was ich von dir hören, lesen und lernen durfte. Danke aber noch vielmehr, dass ich dich persönlich treffen, Zeit mit dir und deinen Freunden verbringen und spüren durfte, dass deine Botschaften nicht nur theoretisch wertvoll, sondern erlebt und gelebt sind. Deine Einsichten und Weisheiten weiten meinen Blick auf Gott und das Leben immer wieder hilfreich und heilsam auf. So wie du mit deinem ADHS umgehst und es zum Besten nutzt, bist du Vorbild und Segen zugleich.
- Jonas und Steffi: Ihr seid Freunde, Vertraute, geistliche Kinder und Gleichgesinnte in einem. Mit euch Zeit zu verbringen ist eine Freude. Euer Herz für Menschen ist ansteckend. Ihr seid wunderbar. Vielen Dank für all eure scharfsinnigen und weisen Anmerkungen zum Buch.
- Alex und Steffi: Danke, dass Ihr mit uns das Abenteuer gemeinschaftliches Leben gewagt habt! Ich bewundere Eure Leidenschaft für Jesus, für Menschen in Not und Euer Beter-Herz. Ihr seid mir teure Freunde geworden!

- Angi und Adi: Danke für euer Vertrauen, ich bewundere eure Ernsthaftigkeit in der Nachfolge und bin gespannt, was ihr mit dem großen Potential, das Gott euch gegeben habt, Wunderbares bewegen werdet.
- Mia und Dome: Ihr seid Perlen. Danke, dass Ihr uns Anteil an eurem Leben, eurem Herz gebt, danke für euer Vertrauen und eure Offenheit und Echtheit. Das ehrt uns.
- Pelle: Danke für alles, was du in mich investiert hast. Du bist geistlicher großer Bruder, Apostel, Prophet, Mentor und Freund für mich. Danke, dass du mich gelehrt und ermutigt hast, mich für den Heiligen Geist zu öffnen.
- Stefan S.: Durch dich habe ich eine Ernsthaftigkeit in der Nachfolge kennengelernt, die mich beeindruckt. Deine Klarheit, deine Kompromisslosigkeit und deine Fähigkeit als Lehrer schätze ich sehr.
- Susi und Zahand: Von euch haben wir gelernt, was es heißen kann, gemeinsames Leben und Jüngerschaft miteinander zu verbinden. Ihr seid uns große Vorbilder und wir sind dankbar für eure Freundschaft, die innere tiefe Verbundenheit und all die kostbaren Momente, die wir mit euch, euren Kindern und eurer komm&sieh-family verbringen durften. Danke für eure Gebete.
- Viktoria: Es ist eine Freude, dich zu kennen. Du bist für mich ein echtes Zeugnis, dass das Aufwachsen und Leben in einer gesunden Gemeinschaft mehr Herrlichkeit und Lebendigkeit in der Beziehung zu Gott und Menschen freisetzen kann. Deine Liebe zum Vater, dein Hören auf seine Stimme und deine echte Natürlichkeit in Beziehungen zu Menschen sind für mich inspirierend und berührend. Du bist eine vielbegabte, wunderbare Herzensfrau und kannst andere mit deinem Wesen, deinen Worten, Liedern, Gedichten und Gebeten freisetzen, ermutigen und heilen.
- Beat: Danke für dein Vertrauen. Ich schätze deine ehrliche Art und glaube, dass Gott einen ganz besonderen Plan hat für dich. Es ist eine Ehre, Teil von deinem Leben sein zu dürfen.

- Gabriela: Danke für deine ermutigende Art. Danke für deine Unterstützung, danke für alles, was du so überströmend in andere Menschen investierst. Ich bewundere dein Herz und dein Engagement.

In allem und durch alles hindurch bin ich meinem Vater im Himmel dankbar, der die Liebe erfunden hat, der die Liebe selbst ist und der durch Jesus eine Beziehung möglich gemacht hat, die lebendig ist, heilsam ist und ewig hält. Danke für dieses Leben, danke Jesus, dass Du am Kreuz gesiegt hast über alles, was mich gefangen hält. Danke für Deinen Heiligen Geist und Deine bedingungslose Vaterliebe. Ich freue mich auf die Ewigkeit mit Dir und möchte Deine Liebe weitergeben, so gut ich kann.

WEITERFÜHRENDE LITERATUR

Schematherapie

- Behary, Wendy, Karsten Petersen. Mit Narzissten leben. Wie Sie selbstbezogene Menschen entlarven und dabei wachsen können. Paderborn: Junfermann Verlag, 2024.
- Jacob, Gitta, Arnoud Arntz. Schematherapie in der Praxis. Weinheim: Beltz, 2024.
- Jacob, Gitta, Hannie van Genderen, Laura Seebauer. Andere Wege gehen: Lebensmuster verstehen und verändern – ein schematherapeutisches Selbsthilfebuch. Mit Online-Materialien. Beltz, 2017.
- Roediger, Eckhard. Raus aus den Lebensfallen: Das Schematherapie-Begleitbuch. Junfermann Verlag GmbH, 2023.
- Roediger, Eckhard, Valente Matias. Schematherapie: Kontextuell – prozessbasiert – interpersonal. Stuttgart: Schattauer, 2025.
- Young, Jeffrey E., Janet S. Klosko. Sein Leben neu erfinden. Paderborn: Junfermann, 2006.

Schematherapie und Glaube

- Cecero, John J., Jeffrey E. Young. Praying Through Our Lifetraps: A Psycho-spiritual Path to Freedom. Resurrection Press, 2002.
- Louis, John P., Karen McDonald Louis. I Choose Us: a Christian perspective on building love connection in your marriage by breaking harmful cycles. Louis Counselling & Training Services Pte Ltd, 2010.
- Louis, John P., Karen McDonald Louis. Good Enough Parenting: A Christian Perspective on Meeting Core Emotional Needs and Avoiding Exasperation. Louis Counselling & Training Services Pte Ltd, 2013.
- Novello, Joseph R. The myth of more: and other lifetraps that sabotage the happiness you deserve. Paulist Press, 2001.
- Stevens, Bruce, and Maureen Miner Bridges. Free to love: schema therapy for Christians. Nova Science Publishers, 2017.

Glaube und Psychologie

- Beck, Richard Allan. Slavery Of Death. Cascade Books, 2013.
- Benner, David G. Opening to God: Lectio Divina and Life as Prayer. InterVarsity Press, 2010.
- Chapman, Gary D. Die fünf Sprachen der Liebe. Francke-Buchhandlung, 2010.
- Crabb, Lawrence J. Connecting: das Heilungspotential der Gemeinschaft; ein radikal neuer Ansatz, die Kraftquellen Gottes zu entdecken. Brunnen-Verlag, 2001.
- Jennings, Timothy R. Could It Be This Simple? a Biblical Model for Healing the Mind. Hagerstown, MD: Review & Herald Pub., 2007.
- Jennings, Timothy R. The God-Shaped Brain: How Changing Your View of God Transforms Your Life. IVP-Books, 2013.
- Matthews, Dale A. Glaube macht gesund: Erfahrungen aus der medizinischen Praxis. Freiburg im Breisgau: Herder, 2000.
- Pfeifer, Samuel. Die Schwachen tragen: Moderne Psychiatrie und biblische Seelsorge. Basel: Brunnen-Verlag, 1988.

Theologie

- Boyd, Gregory A., Al Larson. Escaping the Matrix: Setting Your Mind Free to Experience Real Life in Christ. Baker Books, 2005.
- Boyd, Gregory A. God of the possible: A biblical introduction to the open view of God. Baker Books, 2000.
- Boyd, Gregory A. Satan and the problem of evil: Constructing a Trinitarian warfare theodicy. InterVarsity Press, 2001.
- Boyd, Gregory A. Seeing is believing: Experience Jesus through imaginative prayer. Baker Books, 2004.
- Boyd, Gregory A. The Crucifixion of the Warrior God: Volumes 1 & 2. Fortress Press, 2017. Eine kürzere Version davon: Boyd, Gregory A. Cross Vision: How the Crucifixion of Jesus Makes Sense of Old Testament Violence. Fortress Press, 2017.

- Boyd, Gregory A. Trifft Gott die Schuld? Warum Standarderklärungen für das Leid nicht genügen. Movement Verlag, 2020.
- Dyckhoff, Peter. Einübung ins Ruhegebet: eine christliche Praxis nach Johannes Cassian. Don Bosco Medien, 2006.
- Guigo, der Kartäuser. Scala Claustralium. Die Leiter der Mönche zu Gott: Eine Hinführung zur Lectio Divina. Nordhausen: Bautz, 2010.
- Jalics, Franz. Kontemplative Exerzitien: eine Einführung in die kontemplative Lebenshaltung und in das Jesusgebet. Echter, 1994.
- Jersak, Brad. Kannst du mich hören? Auf Empfang sein, wenn Gott redet. Asaph, 2012.
- Jersak, Brad. Kinder, könnt ihr mich hören? Gott hören und sehen. Asaph, 2007.
- Jungclaussen, Emmanuel, ed. Aufrichtige Erzählungen eines russischen Pilgers: die vollständige Ausgabe. Herder, 1993.
- Jungclaussen, Emmanuel. Unterweisung im Herzensgebet. EOS-Verlag, 1999.
- Nicolas Herman. All meine Gedanken sind bei dir: In Gottes Gegenwart leben. Ed. Reinhard Deichgräber. Neufeld Verlag, 2007.

Jüngerschaft

- Gmür Marco. Der Kreislauf der Erneuerung. In der Weid, 2011.
- Gmür, Marco et al. Väter und Mütter, die die Welt prägen. GloryWorld-Medien, 2009.
- Pelle, Ben und Tirza. Jüngerschaft: befähigt, andere freizusetzen. Profibooks, 2017.
- Simson, Wolfgang. Häuser, die die Welt verändern: Gemeinde als eine geistliche Großfamilie. Glashütten; Emmelsbüll: C-und-P-Verlag, 2005.

VERWENDETE BIBELÜBERSETZUNGEN

In Klammern ist bei jedem Vers angegeben, welche Übersetzung verwendet wurde:

ELB Revidierte Elberfelder Bibel 2008
NeÜ Neue evangelistische Übersetzung, Karl-Heinz Vanheiden 2014
NGÜ Neue Genfer Übersetzung 2011
LUT Die Bibel nach der Übersetzung Martin Luthers, rev. Text 84/99
SCHL Die Bibel, Schlachter Version 2000

WEITERE PRODUKTE AUS DEM VERLAG MOSAICSTONES

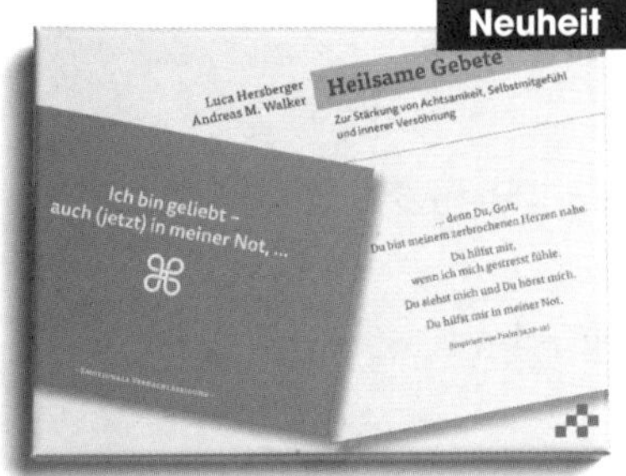

Luca Hersberger (Dr. med.)
Andreas M. Walker (Dr.)

Heilsame Gebete

Zur Stärkung von Achtsamkeit,
Selbstmitgefühl und innerer Versöhnung

Box mit 55 Postkarten und Anleitung
978-3-03965-030-9

Diese 55 Karten nach der Ordnung der Schema-Therapie sind eine Hilfe für das persönliche oder gemeinsame Meditieren, Beten und Singen. Sie ermöglichen es, tiefe Ruhemomente im Alltag zu finden, die eigene Innenwelt zu erkunden und fördern erfüllende Spiritualität. Sie unterstützen sowohl persönlich wie auch in der therapeutischen und seelsorgerlichen Arbeit.

Markus Müller (Dr.)

Ein Ja-Mensch werden

Softcover

E-Book

Lebensverändernder Aufbruch
in einer unperfekten Welt

Softcover, 348 Seiten
978-3-03965-069-9

E-Book
978-3-03965-070-5

Wenn uns Krankheiten oder Schicksalsschläge ereilen, ist es immer schwer, damit umzugehen. Doch was hilft uns wirklich im Umgang mit Leid? Dr. Markus Müller beschönigt das Schwere nicht, lenkt aber unseren Blick auf die Chancen, die in unserer Unvollkommenheit und Begrenztheit liegen - denn genau hier kommt Gott uns nahe. Er gibt sein uneingeschränktes Ja zu unserer Gebrochenheit, zu unserer Schwäche und dieser unperfekten Welt. Lass dich von diesem göttlichen Ja leiten. Werde ein Ja-Mensch und der Beschenkte wirst du selber sein.

Mark J. Moser

Erfülltes Leben mit Krankheit

Softcover, 178 Seiten
978-3-03965-095-8

E-Book
978-3-03965-096-5

Ein bewegendes Buch über den Weg zu innerem Frieden trotz chronischer Krankheit. Mark J. Moser zeigt mit Tiefgang und Hoffnung, wie Akzeptanz, Mut und Mitgefühl helfen, auch im Schmerz gut zu leben.

Christoph Egeler

Mehrdimensional glauben

Christsein mit Weite und Tiefgang

Softcover, 133 Seiten
978-3-03965-036-1

E-Book
978-3-03965-037-8

Dieses Buch möchte zu einem Glauben anstiften, der mit Spannungsfeldern umgehen und verschiedene Perspektiven und Glaubensstile integrieren kann. Und zwar ohne dass dies in ein Dekonstruieren führt, sondern im Gegenteil, dass dadurch das Fundament des Glaubens und die Freude am Glauben gestärkt werden. Es wird aufgezeigt, wie vielschichtig die Bibel und der christliche Glaube sind – und dass diese Tatsache zu einer Quelle für uns werden kann und uns neu über Gottes Größe und Reichtum staunen lässt.

Neuheit

Kerstin Häuselmann

Himmelstrost

Ein Kleinod in Trauer und Verlust

Hardcover

E-Book

Hardcover, 60 Seiten
978-3-03965-088-0

E-Book
978-3-03965-089-7

Aliyah begegnet auf ihrem Weg der Trauer dem Gott allen Trostes. Diese himmlische Berührung verleiht dem Irdischen neuen Halt – ein Geheimnis, das Mut und Offenheit erfordert. In Gedichten einer Geschichte und Musik schafft die Autorin Raum für ehrliche, authentische Trauerbewältigung.

Christian Haslebacher

Dein Leben zählt

Fünf Begriffe aus der christlichen Spiritualität mit einer Botschaft an dich: Dein Leben hat Bedeutung. Heute.

Deutsche Ausgabe:

Softcover

E-Book

Französische Ausgabe:

Softcover

E-Book

Softcover, 114 Seiten
978-3-03965-010-1

E-Book
978-3-906959-70-2

Ein bedeutsames Buch, das das Evangelium neu zum Klingen bringt. Es führt in einen liebevollen, tiefsinnigen Dialog und übersetzt die gute Nachricht in die Lebenswelt von heute.

Marlon Heins

Die Zukunft wird wunderbar

Softcover

E-Book

Vom Himmel, der Hölle und einem liebenden Gott

Softcover, 240 Seiten
978-3-03965-072-9

E-Book
978-3-03965-073-6

Dieses Buch greift Fragen und Ängste über Himmel und Hölle auf. Es zeigt, wie tröstlich die biblische Hoffnung ist und dass selbst die Hölle ihren Schrecken verliert.

Louise Morse

Anbetung, wenn die Erinnerung schwindet

Softcover

E-Book

Andachten, Lieder und Gebete für Menschen mit Demenz, Angehörige und Betreuungspersonen

Softcover, 150 Seiten
978-3-03965-064-4

E-Book
978-3-03965-065-1

Dieses praxisnahe Buch zeigt, wie Christen Menschen mit Demenz geistlich begleiten können - auch wenn diese ihre Reaktionen nicht mehr ausdrücken können. Oft verbirgt die Demenz den Menschen vor uns, aber niemals vor Gott.

Die täglichen Andachten – mit Bibelvers, Gebet und Liedvorschlag - sind einfach gehalten und bieten Angehörigen, Pflegekräften, Seelsorgenden und Gruppen eine geistliche Stütze im Alltag.

Samuel Pfeifer (Prof. Dr.)

Seelische Erkrankungen

Basiswissen aus 12 Seminarheften

Heftesammlung

12 geheftete Seminarhefte
978-3-906959-67-2

E-Book

E-Book
978-3-03965-052-1

In dieser Heftreihe von Prof. Dr. Samuel Pfeifer, Facharzt für Psychiatrie und Psychotherapie, werden einzelne Themen umfassend und doch in knapper Form dargestellt. Auf wenigen Seiten finden sich die wesentlichsten Informationen über Häufigkeit, Ursachen, Folgen, Entstehungsformen und Behandlungs- und Bewältigungsmöglichkeiten der einzelnen Erkrankungen. Zudem wird eine Übersicht über weiterführende Literatur gegeben.

Die Heftreihe behandelt folgende Themen:

Trauma

978-3-906959-57-3
Geheftet, 48 Seiten

Heft

PDF

Borderline

978-3-906959-53-5
Geheftet, 48 Seiten

Heft

PDF

Depression

978-3-906959-54-2
Geheftet, 48 Seiten

Heft

PDF

Stress und Burnout

978-3-906959-64-1
Geheftet, 48 Seiten

Heft

PDF

Angst

78-3-906959-59-7
Geheftet, 48 Seiten

Heft PDF

Schizophrenie

978-3-906959-55-9
Geheftet, 48 Seiten

Heft PDF

Alternativmedizin

978-3-906959-60-3
Geheftet, 48 Seiten

Heft PDF

Schlafen und Träumen

978-3-906959-62-7
Geheftet, 48 Seiten

Heft PDF

Internetsucht

978-3-906959-63-4
Geheftet, 48 Seiten

Heft PDF

Sensibilität

978-3-906959-56-6
Geheftet, 48 Seiten

Heft PDF

Zwang und Zweifel

978-3-906959-58-0
Geheftet, 48 Seiten

Heft PDF

Psychosomatik

978-3-906959-61-0
Geheftet, 48 Seiten

Heft PDF